기독교문서선교회 (Christian Literature Center: 약칭 CLC)는 1941년 영국 콜체스터에서 켄 아담스에 의해 시작되었으며 국제 본부는 미국 필라델피아에 있습니다. 국제 CLC는 약 650여 명의 선교사들이 59개 나라에서 180개의 서점을 운영하며 이동 도서 차량 40대를 이용하여 문서 보급에 힘쓰고 있으며 이메일 주문을 통해 130여 국으로 책을 공급하고 있는 국제적 문서선교 기관입니다.

👉 추천사 1

홍 민 기 목사
라이트하우스무브먼트 대표, 브리지임팩트사역원 이사장

　이번에 김맥 목사님이 쓴 『나는 크리스천 청소년이다!』 출간을 진심으로 축하합니다. 이 책은 현장에서 아이들과 호흡하는 사역자의 실제적인 질문에 대한 답을 글로 엮어서 누구나 사용할 수 있도록 써 내려간 책입니다.
　사실 청소년 사역 현장은 쉽지 않습니다. 여전히 교회를 다니고 있음에도 방황하는 아이들, 꿈이 없는 아이들, 믿음이 뭔지 모르는 아이가 많습니다. 우리는 그런 아이들에게 올바른 답을 제시해 주고 믿음으로 사는 것이 무엇인지 가르치고 모범을 보여야 합니다.
　이 책은 우리 아이들이 세상 속에서 주님을 붙잡고 믿음으로 사는 것이 무엇인지에 대한 실제적인 답을 구체적으로 제시합니다.
　챕터마다 아이들과 공감할 수 있는 여러 주제의 이야기를 담고 있습니다. 무엇보다 오랜 시간 동안 청소년 사역 현장을 지킨 김맥 목사님의 마음이 느껴지는 글입니다.
　귀한 이 책은 현장에서 고민이 많은 교사와 학부모, 그리고 다음 세대들에게 큰 도움이 될 것입니다.

추천사 2

이 정 현 목사
청암교회 담임, 『크리스천 청소년 고민 상담소』 저자

청소년들에게 필요한 것이 있다면, '좋은 가이드'라고 생각합니다. 아직은 전두엽이 완성되지 않아서 합리적이고 논리적인 판단을 하기 어려운 시기이기 때문에, 청소년들에게 가이드는 반드시 필요합니다.

기독 청소년들에게 좋은 가이드라 함은 누구보다 그들을 잘 알고 이해하며 그들을 사랑하는 사역자라고 생각합니다. 그런 면에서 김맥 목사님은 청소년들에게 최고의 가이드라고 할 수 있습니다.

이 책은 청소년들의 신앙과 삶에 있어서 좋은 가이드입니다. 실제로 청소년들에게는 스스로 해결하지 못하는 문제가 많습니다. 그러면서 삶에 다양한 질문를 가지고 있습니다. 김맥 목사님은 청소년들에게 필요한 중요한 질문을 거의 다 다루고 있습니다. 그러면서 신앙생활을 잘할 수 있는 구체적인 지침을 가이드합니다.

저자는 청소년들과 오랜 시간을 함께해 왔기에, 누구보다 그들의 고민과 질문을 알고 있습니다. 그러니 현장에서 직접 듣고 보고 경험한 것에 근거한 살아있는 답을 제시해 줍니다. 그러므로 이 책은 청소년들에게 매우 좋은 지침서가 될 것입니다. 그뿐만 아니라 청소년들과 함께 호흡하고 있는 부모와 교역자들에게 좋은 자료가 될 것입니다.

추천사 3

정 석 원 목사
『다시 성경을 찾아줘』 저자

'리터러시'(Literacy)는 문해력을 뜻하는 영어 단어입니다. 글을 읽고 이해하는 능력을 의미합니다. 오늘날 다음 세대들에게는 '진정성 리터러시'가 기본 패치로 장착되어 있다는 말을 합니다. 누군가가 어떤 말을 했을 때 그 말에 마음이 담겨 있는지, 그렇지 않은지에 대해 기가 막히게 구분한다는 것입니다.

아이들에겐 '어떤 말을 하는가'보다 '누가 그 말을 하는가'가 더 중요하게 작용하는 것 같습니다. 논리 정연하게 삶의 지혜를 담아 메시지를 전하더라도 자신이 신뢰하지 않는 사람의 말이라면 귀담아듣지 않습니다. 반면에 진정성을 믿는 사람의 말은 스펀지처럼 흡수합니다.

이 책 『나는 크리스천 청소년이다!』에서는 청소년들과 다음 세대를 향한 저자의 진정성을 느낄 수 있습니다. 아이들의 고민과 상처, 두려움과 결핍들을 친구의 자세로 공감하고, 목자의 심정으로 하나님 말씀을 전하고자 하는 진정성이 고스란히 담겨 있기 때문입니다.

책을 읽는 내내 저자분께 빚진 마음이 들었습니다. 또 하나의 꼭 필요한 책이 나올 수 있도록 흘린 수고의 땀을 느낄 수 있었기 때문입니다. 이 책이 다음 세대와 이들을 섬기는 이들의 손에 들린 믿음의 무기가 될 수 있을 것입니다.

추천사 4

김 관 성 목사
낮은담교회 담임, 『낮은 데로 가라』 저자

   오늘날 교회에서 다음 세대, 특별히 청소년들을 찾아보기 힘듭니다. 청소년들을 미전도 종족이라고 부른다는 가슴 아픈 이야기를 듣기도 했습니다. 그리고 교회에 다니고 있지만 예수님이 어떤 분이신지, 구원과 믿음이 무엇인지 모른 채 출석만 하는 청소년이 많이 있습니다.
   이런 안타까운 현실 가운데 김맥 목사님의 책이 참으로 귀하게 여겨집니다. 직접 학생들을 심방하며 경험한 이야기를 풀어 가며 성경적 해답을 제시하는 것이 인상적입니다.
   많은 부모와 교사, 사역자에게 실제적인 도움이 될 것이라고 생각됩니다. 이 책을 통해 청소년들을 더 이해하고 믿음으로 인도하는 은혜가 있었으면 좋겠습니다.

나는 크리스천 청소년이다!

I am a Christian teenager!
Written by Maek Kim
All rights reserved.
Korean Edition Copyright ⓒ 2024 by Christian Literature Center, Seoul, Korea.

나는 크리스천 청소년이다!

2024년 11월 15일 초판 발행

지은이	김 맥
편 집	오현정
디자인	이보래
펴낸곳	(사)기독교문서선교회
등 록	제16-25호(1980. 1. 18.)
주 소	서울 동대문구 천호대로71길 39
전 화	02-586-8761~3(본사) 031-942-8761(영업부)
팩 스	02-523-0131(본사) 031-942-8763(영업부)
이메일	clckor@gmail.com
홈페이지	www.clcbook.com
송금계좌	기업은행 073-000308-04-020 (사)기독교문서선교회
일련번호	2024-118

ISBN 978-89-341-2762-8(03230)

이 책의 출판권은 (사)기독교문서선교회가 소유합니다.
신저작권법에 의하여 한국 내에서 보호를 받는 저작물이므로 무단 전재와 무단 복제를 금합니다.

Click

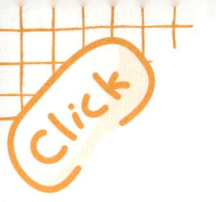

클릭! 청소년 신앙생활 지침서 ④

나는 크리스천 청소년이다!

김맥 지음

"크리스천 청소년으로 어떻게 살 것인가?"

청소년 전문 사역자 김맥 목사의 메시지

CLC

목차

추천사1 **홍민기 목사** | 라이트하우스무브먼트 대표, 브리지임팩트사역원 이사장 1
추천사2 **이정현 목사** | 청암교회 담임, 『크리스천 청소년 고민 상담소』 저자 2
추천사3 **정석원 목사** | 『다시 성경을 찾아줘』 저자 3
추천사4 **김관성 목사** | 낮은담교회 담임, 『낮은 데로 가라』 저자 4

서론 13

제1장 구원의 확신이 있니? 17

① 너는 지금까지 잊지 못하는 만남이 있니? 18
② 어떤 일이 있어도 넌 주일예배에 참석해야 해! 21
③ 포기하지 마. 넌 할 수 있어! 26
④ 네가 살아가는 목적이 뭔지 아니? 29
⑤ 우리는 죽으면 어떻게 될까? 34

제2장 크리스천으로 산다는 게 뭘까? 37

① 유튜버 박정원이 누군지 아니? 38
② 마동석은 덩치가 얼마나 클까? 41
③ 가수가 내 앞에서 노래를 부른다면? 44
④ 세상의 안경 VS 믿음의 안경, 무엇을 쓰고 있니? 47
⑤ 누군가를 질투해 본 적 있니? 50

제3장 두려움을 이겨 낼 수 있나요? 53

① 저는 '미래'가 두려워요! 54
② 너는 스트레스를 어떻게 풀고 있어? 57
③ 너는 두려움을 어떻게 극복하고 있니? 61
④ 마음 안에 두려움을 이겨 낼 수 있을까? 64
⑤ 외모 VS 마음, 하나님은 무엇을 주목하실까? 66
⑥ 아직 일어나지도 않은 일에 벌써부터 고민할 필요는 없다 69

제4장 유혹을 어떻게 이겨 낼 수 있나요? 72

① 마귀는 우리를 어떻게 유혹할까? 73
② "목사님, 저 콘서트 티켓 취소했어요. 그런데 눈물이 나요." 77
③ 너희는 마기꾼이니? VS 마해꾼이니? 80
④ "목사님, 저희 성관계 가졌어요. 용서받을 수 있나요?" 83
⑤ "맨유가 왜 우상이 될 수 있어요?" 86
⑥ 우리가 유혹에 빠지는 건 하나님을 가볍게 생각하기 때문이다! 90

제5장 학교에서 어떻게 살아가고 있어? 94

① "목사님, 국어 3등급 받은 게 오히려 더 기뻐요!" 95
② "교회가 너희한테 밥 먹여 주니? 정신 좀 차려!" 98
③ 창조론 VS 진화론, 뭐가 옳은 걸까? 101
④ 너희는 하나님 앞에서 정직하니? 105
⑤ "농구보다 예배가 더 중요해요." 108

제6장 우리는 어떻게 믿음의 삶을 살아야 할까? 111

① 내 뜻과 하나님 뜻은 어떻게 구별할 수 있을까? 112
② 몸이 좋아지려면 과식하지 마세요! 115
③ 면접시험 때 너희를 어떻게 소개할 거야? 118
④ 어렵다고 믿음의 선택을 피해야 하는 건 아니야 122
⑤ 누군가를 위해서 양보해 본 적 있니? 125

제7장 하나님은 어떤 사람을 주목하실까? 128

- ① 0.01초 차이라도 방심해서는 안 돼! 129
- ② 악뮤는 어떻게 인기 가수가 될 수 있었을까? 132
- ③ 얘들아, 하나님이 찾으시는 사람은 완벽한 사람이 아니야! 135
- ④ 누군가를 사랑해서 후회해 본 적 있니? 138
- ⑤ 너는 누군가를 감동시켜 본 적 있니? 142
- ⑥ 너에게 가장 가치 있는 것은 뭐니? 144

제8장 너의 꿈은 뭐니? 146

- ① 하나님은 너를 향해 놀라운 계획을 가지고 계셔 147
- ② 나무늘보는 왜 나무에서 내려오지 않는 걸까? 150
- ③ 너는 뭐를 할 때 마음이 두근거리니? 153
- ④ 때로는 고난이 또 다른 기회일 수 있어 156
- ⑤ 하나님은 너를 통해 일하실 거야! 160

목차

제9장 고난을 겪을 때 우리는 어떻게 해야 할까? 163

1. "하나님, 처음에는 원망했지만 지금은 감사해요." 164
2. 수련회 첫날, 코로나에 확진됐어요! 167
3. 고난은 하나님께로 가는 가장 가까운 지름길이야! 171
4. 너 혹시 거짓말한 적 있니? 174

제10장 기도와 말씀으로 무장하고 있니? 176

1. 문제가 생기면 어떻게 해야 할까? 177
2. 내가 하루아침에 노예가 되어 버린다면? 180
3. 손흥민이 프리미어리그 득점왕을 한 이유가 뭔지 아니? 183
4. 우리는 '번아웃'에서 어떻게 벗어날 수 있을까? 187
5. 핸드폰 배터리가 없어서 핸드폰이 꺼진 적 있니? 190

서론

　남학생 한 명이 저를 찾아왔습니다. 중학교를 졸업하고 이제 막 고등학교 1학년이 된 남학생이었습니다. 그 남학생은 저를 만나자마자 눈물을 펑펑 흘리며 이렇게 말했습니다.

　"목사님, 부모님이 이혼하실 것 같아요. 이제 저 어떻게 해요?"

　그 남학생의 부모님은 몇 년 전부터 다툼이 잦았다고 합니다. 그런데 얼마 전 부모님이 남학생을 부르시더니 이제 더 이상 서로 같이 살 생각이 없다면서 이혼을 하기로 했으니, 넌 누구와 함께 살겠냐고 말했던 것입니다.

　그 남학생은 외동아들이었습니다. 어릴 때부터 부모님과 친구처럼 잘 지내왔다고 합니다. 그런데 부모님이 이혼을 한다고 하니, 남학생은 마음이 불안해서 저를 만나자고 했던 것이죠. 저는 울고 있는 남학생을 위로하면서 부모님을 위해서 함께 기도하자고 말했습니다.

그때가 겨울 방학이었는데 겨울 수련회가 2주 정도 남아 있었습니다. 그 남학생은 2주 동안 매일 교회에 나와서 부모님이 이혼하지 않게 해 달라고 기도했습니다.

2주 뒤, 겨울 수련회 마지막 날 저녁 집회 때였습니다. 당시 저는 말씀을 전하고 기도회를 인도하고 있었습니다. 그때 저에게 기도를 부탁했던 남학생이 땅바닥을 내려치며 울부짖으면서 기도하는 모습이 보였습니다. 저도 기도회를 인도하면서 그 남학생을 위해서 기도했습니다.

수련회가 끝난 후 그 남학생에게 연락이 왔습니다. 그 남학생은 흥분한 목소리로 저에게 말했습니다.

"목사님, 이번 수련회 때 부모님을 위해서 기도하는데 처음으로 놀라운 경험을 했어요. 기도하는데 제 마음이 뜨거워지면서 '내가 네 기도를 들었다. 내가 해결하겠다'라고 하나님께서 말씀하시는 것 같았어요. 저는 깜짝 놀랐어요. 그 말이 제 마음속에 너무 선명하게 와닿았거든요. 그러면서 제 마음이 평안해졌어요. 목사님, 저 이제 예전처럼 두렵지 않아요. 하나님께서 해결해 주실 거라 믿어요."

그 남학생은 기도하면서 예전에 불안했던 마음이 이제는 사라졌으며, 하나님께서 부모님 사이를 해결해 주실 것을 확신한다고 말했습니다.

여러분, 나중에 어떤 일이 일어났는 줄 아십니까?

놀랍게도 하나님의 강력한 만지심이 있었습니다. 그 남학생의 부모님이 극적으로 화해하고 이혼을 하지 않기로 했던 것입니다. 저도 놀랐지만 그 남학생이 제일 많이 놀랐습니다. 간절히 부르짖었을 때 하나님께서 그 남학생의 기도에 놀랍게 역사하신 것입니다.

그 이후 몇 년이 지난 뒤에 그 남학생이 저에게 이렇게 말했습니다.

"목사님, 저는 아직도 그때를 잊을 수 없어요. 그때 제가 목사님께 말씀드린 것보다 훨씬 더 심각했거든요. 정말 기적이 일어나지 않으면 부모님의 이혼은 막을 수 없다고 생각했어요. 그런데 하나님께서 제 기도를 들어 주셨어요. 지금도 그때만 생각하면 너무 감사해요."

이제 그 남학생은 그때를 기점으로 한 가지 습관이 생겼습니다. 매일 교회에 들러서 20분, 30분씩 기도를 하고 집으로 돌아갑니다. 그 남학생은 하나님이 정말로 살아 계시며 기도를 듣고 계시다는 것을 알게 되었기 때문입니다.

제가 이 책을 쓴 이유가 있습니다. 지금까지 제가 만난 많은 크리스천 청소년은 믿음으로 살아가는 게 무엇인지 모르는 경우가 많았습니다. 예수님이 나를 위해 십자가에서 피 흘려 죽으시고 3일 만에 부활하신 것을 잘 알고 있지만, 알고 있는 것으로 끝나는 경우가 많 았습니다.

　예수님을 믿는 것이 무엇인지, 믿음으로 사는 것이 무엇인지를 모르고 살아가는 친구들이 많았습니다. 그래서 저는 크리스천 청소년에게 예수님과 동행하는 것이 무엇인지 알려 주고 싶었습니다.
　글에만 나오는 예수님이 아니라 실제로 살아 계신 예수님을 만나고 그분과 동행하는 것이 무엇인지 말입니다.

　여러분, 하나님은 오늘도 살아 계십니다. 하나님은 여전히 우리를 주목하고 계십니다. 하나님은 우리를 향한 계획이 있으시고 우리를 하나님의 도구로 준비시키며 사용하십니다. 그런데 여기서 아주 중요한 사실 한 가지가 있습니다. 하나님의 도구로 쓰임 받기 위해서는 우리가 준비돼야 한다는 사실입니다.

　그렇다면, 우리는 하나님 앞에 어떻게 준비해야 할까요?
　어떻게 해야 하나님의 도구로 쓰임 받을 수 있을까요?

　우리가 하나님의 도구로 쓰임 받기 위해서는 하나님이 어떤 분이신지 알아야 합니다. 하나님이 무엇을 좋아하고, 싫어하시는지 알아야 합니다. 하나님의 마음이 어떤지 알아야 합니다. 하나님과 동행하는 것이 무엇인지 알아야 합니다.
　저는 이 책을 통해 여러분이 하나님을 알아 가기 원합니다. 이 책을 통해 여러분이 하나님과의 관계가 깊어지기를 바랍니다.

제1장

구원의 확신이 있니?

여러분은 구원의 확신이 있습니까?
제가 지금까지 만난 많은 청소년 중 교회는 오래 다녔지만 구원의 확신이 없는 친구들이 꽤 많이 있었습니다. 예수님에 대해 오래전부터 들어왔지만 정작 예수님이 어떤 분이신지 전혀 모르고 있었습니다.

왜 이런 친구들이 많이 있는 걸까요?

그건 예수님을 인격적으로 만나지 못했기 때문입니다. 지금부터 우리 모두 함께 예수님을 인격적으로 만나는 게 뭔지, 그리고 예수님을 믿는다는 게 뭔지 함께 살펴보겠습니다.

너는 지금까지 잊지 못하는 만남이 있니?

　SBS에서 방송하는 〈세상에 이런 일이〉라는 프로그램에서 영화에 나올법한 믿기 힘든 이야기가 소개된 적이 있다. 지금으로부터 약 26년 전, 어느 중학생의 목숨을 구해 준 은인이 알고 보니 같은 직장에 다니고 있었다는 이야기였다.

　도대체 어떻게 된 일이었을까?

　약 26년 전, 한 선착장에서 낚시를 하던 중학생 한 명이 실수로 물에 빠졌다. 물에 빠진 중학생은 수영을 하지 못했고 허우적거리다가 의식을 잃었다. 너무나 위급했던 순간, 절체절명의 상황에서 한 청년이 중학생을 구하기 위해 옷을 벗고 바다에 뛰어들었다.

　그 청년은 의식을 잃은 중학생을 붙잡고 극적으로 헤엄쳐 나올 수 있었고, 곧바로 인공호흡을 했다. 중학생은 목숨이 위태로웠지만 청년의 재빠른 대처로 기적적으로 목숨을 건질 수 있었다. 그런데 놀랍게도 그것으로 끝난 게 아니었다.

　그 당시 중학생은 한 달 동안 병원에 입원한 채 치료를 받고 있었다. 그런데 치료를 받는 동안 충격적인 사실이 드러났다. 검사 결과, 중학생의 몸에 큰 종양이 자라고 있는 것을 발견했던 것이다. 중학생은 종양을 제거하는 긴급 수술을 받게 되었고, 다시 한번 목숨을 건질 수 있었다.

결과적으로 중학생은 이름 모를 청년에게 두 번이나 목숨을 건짐 받았다. 시간이 흘러 중학생은 어른이 되었고 취직하고 결혼도 해서 가정도 있었다. 그러던 어느 날 그는 회사에서 귀가 번쩍 트일 만한 대화를 들었다. 같은 직장의 상사가 과거에 어린 소년의 목숨을 구했다는 이야기였다.

남자는 너무 놀라서 그 이야기를 하는 상사를 찾아갔다. 그리고 언제 어디서 아이를 구했느냐고 물었다. 확인 결과 놀라운 사실이 밝혀졌는데, 그 상사가 구한 사람이 바로 자신이었다. 당시 중학생 때 자신의 목숨을 구해 주었던 청년이 현재 자신과 같은 회사에서 9년째 함께 일하고 있던 직장 상사였다.

당시 중학생을 구해 줬던 직장 상사 또한 소름이 끼칠 정도로 깜짝 놀랐다. 자기가 청년 때 구해 주었던 중학생이 지금 건강하게 살아서 같은 회사를 다니고 있었으니 말이다. 이후 중학생 때 목숨을 건짐 받은 남자는 자신의 목숨을 구한 직장 상사에게 작은아버지로 모시겠다면서 이렇게 말했다.

"평생 은혜를 갚겠습니다."

나는 이 이야기를 통해 평생에 잊을 수 없는 만남에 대해 말하고 싶다. 바로 예수님과의 만남이다. 예수님과의 만남은 우리에게 평생에 잊을 수 없는 운명적인 만남이다.

왜냐하면, 예수님은 죽을 수밖에 없는 우리를 살려 주셨기 때문이다. 우리는 예수님이 없었으면 죽어서 영원히 지옥에서 살 수밖에 없는 운명이었다. 그러나 예수님께서 우리에게 새로운 생명을 주셨고, 예수님으로 인해 우리는 죄인에서 구원받은 하나님의 자녀가 될 수 있었다.

그럼 지금부터 예수님이 어떤 분이신지, 왜 예수님께서 우리를 살려 주셨는지, 그리고 예수님으로 인해 우리는 어떤 사람이 되었는지 함께 살펴보자.

2. 어떤 일이 있어도 넌 주일예배에 참석해야 해!

나는 조금 특별한 집안에서 태어났다. 다른 집과 달리 부모님의 신앙이 정말 대단했다. 특히, 어머니의 신앙이 남달랐다. 어머니는 아주 뜨거운 신앙심을 가진 분이셨고 나는 어릴 때부터 어머니의 영향을 많이 받았다.

예를 들면, 나는 초등학교 1학년 때부터 고등학교를 졸업할 때까지 주일에 딱 한 번 결석을 했다. 결석했던 그 한 번은 초등학교 2학년 때로 맹장이 터져서 입원하는 바람에 예배에 참석하지 못했다. 그 외에는 비가 오나 눈이 오나 예배에 참석했다.

아직도 생생하게 기억나는 일이 있다. 당시 초등학교 3학년이었는데 하루는 어느 주일에 몸살이 심하게 걸려서 몸이 너무 아프고 열도 높게 올라갔다. 도저히 교회에 가지 못하는 그런 상황이었다. 그런데 어머니는 말씀하셨다.

"맥아, 아파도 예배는 갔다 와라."

나는 너무 아파서 갈 힘이 없는데 어머니는 예배는 무조건 가야 한다고 말씀하셨다. 나는 그때 어머니가 미쳤다고 생각했다. 아들이 몸살이 심하게 걸려서 아파하고 있는데 예배는 무조건 드려야 한다는 어머니를 이해할 수 없었다. 그래도 어쩌겠는가. 어머니가 시퍼렇게 눈을 뜨고 쳐다보시니까 나는 울며 겨자 먹기로 예배를 드리러 교회에 갔다. 교회에 갔는데 선생님이 나를 보고 깜짝 놀라며 말씀하셨다.

선생님: 맥아, 너 지금 얼굴이 너무 안 좋은데 교회 왜 왔어? 빨리 집으로 가서 쉬어.
나: 선생님, 저 집에 못 가요. 지금 집에 가면 엄마한테 혼나요. 예배 드리고 가야 해요.
선생님: (당황하시면서) 아…그래? 알겠어. 그럼 예배드리자마자 바로 집으로 가.
나: 네, 선생님.

또 한 번은 초등학교 5학년 때 내가 다니던 학교에서 100주년 기념행사를 했었다. 당시 내가 다닌 초등학교는 부산에서 제일 오래된 학교였다. 학교에서는 100주년 기념행사를 한다고 주일 9시까지 나오라고 했다.

학교에서 오라고 하니까 나와 같은 초등학교를 다니는 교회 아이들은 다 학교로 갔다. 학교에서 하는 특별한 행사이기도 했고, 당시에는 학교에서 오라고 하면 다 가는 시절이었다. 그런데 딱 한 분, 내 어머니는 그렇게 생각하지 않으셨다. 어머니는 주일에 학교에 가야 한다는 내 말을 듣고 딱 한마디 말만 하셨다.

"맥아, 예배드리고 학교 가라."

아무리 어머니를 설득하고 떼를 써도 어머니는 꿈쩍도 하지 않으셨다. 결국 어떻게 됐을까?

나는 교회에 가서 예배를 드리고 학교에 갔다. 그때 예배를 드리러 갔을 때 주일학교 부장 선생님이 나를 보시더니 놀라면서 했던 말이 아직도 기억난다.

"맥아, 너 학교 안 가고 왜 교회 왔어?"

나는 신앙의 열정이 엄청난 어머니 밑에서 교회생활을 열심히 했다. 그런데 충격적인 사실은 나는 교회생활을 열심히 했음에도 예수님이 실제로 살아 계신 분인지 도저히 믿어지지 않았다.

오히려 나는 왜 이런 집에서 태어나서 교회를 이렇게까지 다녀야 하는지 모르겠다며 불만으로 가득 차 있었다. 그렇다고 부모님을 욕하거나 저주할 수는 없어서 눈에 보이지 않는 예수님을 욕하고 저주했다. 그렇게 무려 19년 동안 살았다. 그런데 19살 때 내 삶의 터닝 포인트가 찾아왔다.

고등학교 3학년이 되자 마음에 불안과 두려움으로 가득했다. 앞으로 20살이 되면 나는 어떤 인생을 살게 될지 마음이 불안했다. 그러나 이런 내 마음을 누구에게도 말할 수 없었다. 그렇게 1년을 꾸역꾸

역 버텨 가면서 수학능력시험을 쳤다. 그런데 수능이 끝나자 오히려 내 마음 안에 있는 불안과 두려움은 더욱 커져만 갔다. 이 불안한 마음을 어떻게 해결해야 할지 고민하고 있을 때 마음속에 한 가지 생각이 훅 들어왔다.

'나도 교회에 나가서 기도하면 안 될까?'

어머니는 항상 교회에서 기도를 하셨다. 그래서 나도 교회에 나가서 기도하고 싶다는 생각이 들었다. 그날 저녁 나는 태어나서 처음으로 부모님의 의지가 아닌 내 의지로 교회에 나가서 기도를 했다.

"하나님, 저 좀 도와주세요!"

그렇게 일주일을 교회에 나가서 기도했다. 사실 기도를 제대로 한 것도 아니었다. 가서 1분 기도하고 잠을 자다가 돌아왔으니 말이다. 당시 난 기도가 뭔지도 몰랐다. 그런데 놀라운 일이 일어났다. 바로 예수님의 신호가 있었기 때문이다.

그날도 늦은 저녁에 교회에서 혼자 기도하고 있었다. 기도하면서 나는 지금까지 한 번도 하지 못한 경험을 했다. 기도하던 도중 가슴이 뜨거워지면서 눈에서 눈물이 흘러나왔다. 그리고 예수님께서 나에게 이렇게 말씀하시는 것 같았다.

"맥아, 네가 나에게 오길 기다리고 있었단다. 사랑한다. 아들아."

그 순간 나는 눈물을 흘리며 통곡했다. 이제까지 믿어지지 않았던 예수님의 십자가 사랑이 믿어졌고 내가 하나님 앞에 너무 큰 죄인이라는 사실이 깨달아졌다. 나는 울면서 예수님께 기도했다.

"예수님, 감사합니다. 예수님은 정말 살아 계셨군요. 더러운 죄인인 저를 용서해 주시고 만나 주셔서 감사합니다. 이제 저는 주님을 위해서 살겠습니다."

하나님은 부족한 내 1분의 기도에도 응답해 주셨다. 나는 그때 예수님을 인격적으로 만났고 예수님이 진실로 살아 계신 하나님의 아들이라는 것이 믿어졌다. 그때가 내 신앙의 터닝포인트였다.

나는 그 이후부터 지금까지 쭈욱 신앙생활을 해 오고 있다. 나는 내 이야기를 통해 한 가지 말해 주고 싶은 것이 있다.

"예수님은 오늘도 살아 계신다!"

예수님은 오늘도 살아 계실 뿐만 아니라 예수님께 나오는 자들을 만나 주신다. 우리가 간절히 예수님을 만나기 원한다면 예수님은 우리가 부인할 수 없도록 우리를 만나 주실 것이다.

3. 포기하지 마. 넌 할 수 있어!

    2016년 브라질에서 열린 리우 올림픽에서 펜싱 에페 남자 개인전에 출전한 대한민국 선수가 있었다. 바로 박상영 선수였다. 박상영 선수는 21살의 어린 나이임에도 불구하고 차례로 상대 선수들을 꺾고 결승까지 올라갔다.

    많은 사람이 지켜보는 가운데 드디어 대망의 올림픽 결승전이 시작되었다. 그런데 막상 경기가 시작되자 긴장한 듯한 박상영 선수는 2라운드까지 13:9로 지고 있었다. 펜싱 경기는 15점을 먼저 내는 선수가 승리하기 때문에, 상대편 선수가 2점만 더 올리면 경기가 바로 끝나 버릴 수 있었다.

    그렇게 2라운드가 끝나고 마지막 3라운드를 남겨 놓고 박상영 선수는 잠시 휴식을 취하고 있었다. 그때 관중석에서 누군가 박상영 선수를 향해 "할 수 있다"를 외쳤다. 그러자 박상영 선수가 고개를 끄덕이며 "할 수 있다"라고 혼자서 몇 번이고 외치는 것이 아닌가.

    휴식 시간이 끝나고 3라운드가 시작되자 박상영 선수는 놀라운 기세로 득점을 올리기 시작했다. 14:10에서 한 점만 더 뺏기면 게임이 끝나는 상황에서 14:14 동점까지 만들었다. 마지막 1점을 남긴 상황에서 긴장감이 가득한 가운데 경기는 다시 시작됐다. 무조건 상대방을 먼저 찌른 선수가 금메달의 주인공이 되는 순간이었다.

그때 박상영 선수가 번개 같은 빠른 움직임으로 상대 선수를 공격했고 그것이 그대로 점수로 이어지게 되면서 14:15로 극적인 역전승을 거두었다. 이날 승리로 박상영은 대한민국 최초로 펜싱 에페 개인전에서 금메달을 땄다.

아무도 기대하지 않았던 금메달이었고 거의 승부가 끝나 버린 것 같은 상황에서 엄청난 역전승을 거둔 것이다. 당시 나는 생중계로 경기를 보고 있었는데, 2라운드가 끝나고 13:9로 박상영 선수가 지고 있을 때 사실상 게임이 끝났다고 생각했다.

펜싱 특성상 후반에 4점이라는 점수를 뒤집는다는 건 정말 어려운 것이었기 때문에 나는 경기를 보면서 박상영 선수가 승리하지 못할 것이라고 생각했다. 그런데 휴식 시간에 박상영 선수가 "할 수 있다"를 혼자서 외칠 때 그 순간 몸에 소름이 돋았다. 여전히 박상영 선수는 경기를 포기하지 않고 있었던 것이다.

결국, 3라운드에서 극적으로 역전하는 박상영 선수의 경기를 보면서 나는 그 자리에 일어나 박수를 치면서 환호했다. 이렇듯 박상영 선수의 경기처럼 뒤집을 수 없는 상황에서 멋지게 역전승을 거두는 경기들이 종종 일어나곤 한다. 그럴 때 관중은 자기 일처럼 환호하고 기쁨을 느낀다.

내가 박상영 선수의 역전승을 이야기하는 이유가 있다. 왜냐하면, 박상영 선수가 결승에서 놀라운 역전승을 거둔 것처럼 성경에도 믿기 힘든 놀라운 기적이 일어났기 때문이다.

도대체 어떤 기적이었을까?

바로 예수님이 하나님의 아들로서 이 땅에 인간을 구원하시기 위해 내려오신 것이다. 원래 예수님은 하나님의 아들로서 이 땅에 내려오실 필요가 전혀 없는 분이셨다. 그럼에도 예수님은 이 땅에 친히 인간으로 내려오셨다.

그렇다면, 예수님께서 이 땅에 왜 인간으로 내려오신 걸까?

이유는 단 하나다. 바로 죄로 인해 죽어 가는 우리를 구원하시기 위해서였다. 원래 우리는 죄로 인해 죽을 수밖에 없는 죄인이었다. 그런 우리를 위해 예수님께서 이 땅에 내려오셔서 십자가에서 죽으셨다. 그런데 거기서 끝이 아니었다. 성경 말씀대로 예수님은 십자가에서 죽으시고 3일 만에 부활하셨다.

예수님은 죽음을 뛰어넘으시고 우리의 죄를 용서해 주셨다. 우리가 예수님을 우리의 유일한 구원자로, 왕으로 마음속에 모실 때 예수님은 우리의 죄를 용서해 주시고 우리를 자녀 삼아 주신다. 우리 모두가 예수님의 사랑에 감사하며 예수님을 의지하면 좋겠다.

4 네가 살아가는 목적이 뭔지 아니?

남학생들한테 자주 듣는 질문이 한 가지 있다.

"목사님, 삼대 운동 몇 치세요?"

잠깐, 여기서 삼대 운동 종류는 다음과 같다.

① 벤치 프레스
② 스쿼트
③ 데드리프트

세 가지 운동을 했을 때 들 수 있는 무게가 5백 킬로그램이 넘어가면 운동 끝판 왕으로 불린다.
그럼 남학생들이 도대체 왜 나에게 삼대 운동이 5백 킬로그램이 넘냐고 물어보는 걸까?

이유가 있다. 내가 오랫동안 헬스를 해 왔기 때문이다. 헬스를 오랫동안 하다 보니까 나는 어느 순간부터 아무나 가질 수 없는 거대한 몸을 가질 수 있었다. 그래서 가끔씩 운동을 좋아하는 남학생들을 만나면 선망의 대상이 되곤 한다.

남학생들이 나에게 삼대 운동을 얼마나 들 수 있는지 물어보면 나는 솔직하게 말한다.

"목사님은 아직까지 삼대 운동을 측정해 본 적이 없어."

그렇다. 나는 실제로 삼대 운동을 측정해 본 적이 없다. 그러다 어느 날 나도 삼대 운동을 했을 때 무게를 얼마나 들 수 있는지 궁금해서 헬스장에서 삼대 운동을 측정했던 적이 있다. 당시 기록을 측정하기 위해 처음으로 했던 삼대 운동은 벤치 프레스였다. 벤치 프레스란 벤치에 누워서 바벨을 드는 운동인데, 처음엔 40킬로그램부터 시작해서 점점 무게를 높여 나갔다.

나중에는 100킬로그램까지 거뜬하게 들어 올렸다. 이제 원판을 추가해서 120킬로그램이 되었다. 조금 긴장이 되긴 했지만 그래도 거뜬하게 성공할 수 있었다. 나는 120킬로그램을 들어 올린 후 잠시 고민에 빠졌다. 그 고민은 130킬로그램에 도전할 것인가에 대한 고민이었다.

당시 120킬로그램까지 든다고 몸에 힘이 꽤 빠진 상태였기 때문에 만약 130킬로그램에 도전했다가 들어 올리지 못하면 큰 사고가 날 수도 있다는 생각이 들었다. 당시 삼대 운동 측정을 도와줄 수 있는 사람이 옆에 있으면 이런 걱정은 하지 않았겠지만, 운동을 하던 시간이 새벽이라 내 주위에는 아무도 없었다.

그래도 한 번만 도전하기로 하고 130킬로그램 바벨을 두 손으로 꽉 잡았다. 처음에는 130킬로그램 바벨을 번쩍 들어 올렸다. 그러나 곧이어 문제가 생겼다. 130 킬로그램의 무게를 견디지 못하고 그만 바벨에 깔려 버렸던 것이다. 큰일 났다 싶어 주변에 도움을 요청했다. 그런데 새벽이라 나를 도와줄 수 있는 사람이 한 명도 보이지 않았다.

내 호흡은 거칠어졌고 이러다간 질식해서 죽을 수도 있겠다는 생각이 들었다. 그때 갑자기 머릿속에 기가 막힌 방법 한 가지가 생각났다. 바벨을 한쪽으로 기울여서 원판이 자연스럽게 옆으로 빠지도록 하는 것이었다.

나는 생각했던 대로 재빨리 바벨을 한쪽으로 기울였다. 그러자 "쾅!" 하는 소리와 함께 원판이 떨어졌고, 나는 가까스로 큰 사고의 위험에서 벗어날 수 있었다. 그때 이후로 나는 더 이상 삼대 운동을 측정하지 않는다.

삼대 운동을 통해서 한 가지 묻고 싶은 질문이 있다.
사람들이 운동을 열심히 하는 이유가 뭘까?

여러 가지 이유가 있을 것이다. 건강해지기 위해, 멋진 몸을 만들기 위해, 다이어트를 하기 위해 운동할 수 있다. 이렇듯 운동을 할 때에도 확실한 목적을 가지고 하는 것처럼 모든 일에는 목적이 존재한다.

그렇다면, 우리가 세상을 살아가는 이유는 뭘까?
우리는 왜 운동을 할까?
우리는 왜 공부를 할까?
우리는 왜 음식을 먹을까?
우리는 왜 학교를 갈까?

하나님은 세상을 창조하시면서 6일째 되는 날 인간도 창조하셨다. 하나님께서 인간을 창조하신 목적은 아주 특별했다.

하나님은 인간을 창조하실 때 한 가지 목적을 가지고 계셨는데, 바로 인간과 깊은 교제를 나누기 원하셨다. 그래서 하나님은 인간을 창조하실 때, 세상의 창조물 중 유일하게 하나님을 알 수 있도록 창조하셨다. 그러나 인간이 죄를 지음으로 인간과 하나님과의 관계는 완전히 깨어져 버렸고, 인간은 더 이상 하나님을 만날 수도, 깊은 교제를 나눌 수도 없게 되었다.

여기서 반전이 있다. 하나님이 인간과의 관계를 다시 회복하기 원하셨다. 그리고 하나님은 인간과의 관계를 회복하기 위해 중대한 결정을 하셨다.

바로 하나님의 아들 독생자 예수 그리스도를 이 땅에 보내 주신 것이다. 예수님은 이 땅에 오셔서 우리의 죄를 대신해서 십자가에서 피 흘려 죽으셨고, 다시 부활하셨다. 지금은 하나님의 보좌 우편에서 우리를 위해 기도하고 계신다.

우리가 예수님을 믿을 때 우리는 하나님과의 관계를 다시 회복할 수 있다. 죄인에서 하나님의 자녀로 세상을 살아갈 수 있는 것이다.

예수님이 오늘도 우리를 주목하고 계신 것을 기억하자. 우리가 예수님께 믿음으로 나아갈 때 예수님께서 우리를 만나 주실 것이다.

5. 우리는 죽으면 어떻게 될까?

〈더 임파서블〉이란 영화를 본 적 있는가?
2004년 남아시아 지진으로 발생한 대형 쓰나미를 겪은 한 가족의 실화를 바탕으로 만들어진 영화다. 2004년 크리스마스를 앞두고 엄마 마리아와 아빠 헨리 그리고 세 명의 아들은 태국으로 휴가를 떠난다. 가족은 따뜻한 태국에서 행복한 연말을 보내고 있는 중이다.

그런데 다음날 아침, 가족이 호텔 수영장에서 수영을 하던 중 심상치 않은 일이 일어난다. 갑자기 수영장 주변이 흔들리기 시작하더니 새들이 떼를 지어 급하게 날아갔다. 그리고 잠시 뒤 엄청난 크기의 쓰나미가 그들을 덮쳤다.

주변은 순식간에 폐허가 되어 버렸고 온 가족은 뿔뿔이 흩어졌다. 엄마 마리아는 곳곳에 상처를 입은 채 나무에 매달려 울부짖었다. 그때 큰아들 루카스를 발견하고 두 사람은 물살이 없는 곳으로 간신히 피신한 뒤 사람들에게 구조된다.

그 시간 아빠 헨리는 두 아들과 함께 무사히 피신할 수 있었다. 아빠 헨리는 혹시나 하는 마음에 호텔을 떠나지 못하고 아내와 큰아들을 찾으러 다닌다. 그러나 모두 대피해야 한다는 소식에 아빠는 어쩔 수 없이 자리를 떠난다.

한편 태국 현지 사람들의 도움으로 루카스는 엄마 마리아를 병원으로 옮길 수 있었다. 병원은 이미 다친 사람들로 북새통을 이루고 있는 상황이었고 엄마의 증상은 계속해서 나빠져 갔다.

큰아들 루카스가 잠시 자리를 비운 사이 엄청난 일이 일어났다. 루카스가 병실로 돌아왔는데 엄마가 보이지 않았다. 잠시 뒤 루카스는 엄마가 사망했다는 충격적인 소식을 듣고 절망한다.

그런데 알고 봤더니 다른 환자와 엄마의 차트가 바뀌어 있었고, 엄마는 수술을 받으러 수술실로 들어간 상황이었다. 수술을 무사히 마치고 돌아온 엄마를 본 루카스는 지금까지 참아 왔던 눈물을 흘린다. 그리고 마침내 기적적으로 아빠와 두 아들이 엄마와 루카스가 있는 병원을 지나가다가 그곳에서 모든 가족이 만나게 된다.

이 영화는 놀랍게도 실화를 바탕으로 만든 영화다. 실제로 남아시아에서 거대한 쓰나미가 일어났다. 그 쓰나미로 무려 30만 명이 죽거나 실종되었다. 한국인도 16명이 죽고, 4명이 실종되었다. 너무나 끔찍하고 무서운 재앙이었다.

그런데 과거에 이 재앙보다 더 큰 재앙이 전 세계를 덮쳤다는 사실을 알고 있는가?

밤낮으로 쉬지 않고 40일 동안 전 세계에 비가 내렸다. 그러자 전 세계가 물에 잠기게 되었고 그로 인해 지구에 사는 모든 사람이 다

물에 잠겨 죽었다. 너무나 끔찍하고 무서운 재앙이었다.

이 재앙은 노아가 살던 당시에 실제로 일어났던 일이다. 당시 하나님께서 물로 전 세계를 심판하셨던 이유는 사람들이 죄악으로 가득 차 있었기 때문이다. 당시 노아의 가족 8명 외에는 모든 사람이 하나님의 심판을 피해 갈 수 없었다.

그런데 중요한 게 뭔지 아는가?

현재를 살아가는 우리도 하나님의 심판을 피해 갈 수 없다는 것이다. 왜냐하면, 우리는 죄인이기 때문에 죽게 되면 하나님의 심판대 앞에 서게 될 것이며, 결국 지옥으로 가게 될 것이다. 그런데 하나님은 우리에게 하나님의 심판을 피해 갈 수 있는 한 가지 길을 마련해 주셨다.

바로 하나님께서 보내신 아들 예수 그리스도를 우리가 믿는 것이다. 예수님이 나의 죄를 위해 십자가에서 죽으시고 부활하신 나의 유일한 구원자이심을 믿고 그 예수님을 나의 유일한 왕으로 모시고 살아가는 것이다.

예수님은 오늘도 살아 계셔서 우리의 유일한 구원자가 되시며 우리의 진정한 주인이 되신다. 우리 모두가 예수님을 진심으로 믿고 앞으로 예수님을 위해 살겠다고 고백하는 사람이 되었으면 좋겠다.

제2장

크리스천으로 산다는 게 뭘까?

우리는 예수님을 믿으면 우리의 죄를 용서받고 죄인의 신분에서 하나님의 자녀가 됩니다. 그런데 거기서 우리의 신앙이 끝나는 게 아닙니다. 오히려 새로운 시작입니다. 이제 우리는 크리스천으로 믿음의 삶을 살아가야 합니다.

그렇다고 처음부터 아브라함처럼, 모세처럼, 다윗처럼 믿음의 사람으로 살아갈 수 있는 건 아닙니다. 아기가 말을 배워 나가듯이 우리는 크리스천으로 사는 것이 무엇인지 하나씩 배워 나가야 합니다.

그렇다면, 크리스천으로 산다는 것은 과연 무엇일까요?

함께 살펴봅시다.

1 유튜버 박정원이 누군지 아니?

혹시 박정원이 누군지 아는가?
지금부터 다섯 가지 힌트를 주겠다. 다섯 가지 힌트가 끝나기 전까지 이 사람이 누구인지 맞춰 보자.

① 이 사람은 여성 유튜버이다.
② 이 사람은 약 900만 명이나 되는 유튜브 구독자 수를 보유하고 있다.
③ 이 사람은 몸이 상당히 날씬하다.
④ 이 사람은 엄청나게 많은 음식을 먹을 수 있다.
⑤ 이 사람은 아주 유명한 먹방 유튜버이다.

박정원이라는 이름을 가진 이 여성은 바로 유튜버 쯔양이다. 유튜브를 보면 많은 먹방 유튜버가 있는데, 그중에서도 쯔양은 단연 최고 먹방 유튜버이다. 아무도 흉내 낼 수 없을 정도로 최고의 먹기 끝판대장이다.

보통 먹방 유튜버들을 보면 덩치가 상당히 크다. 반면에 쯔양은 덩치가 작다. 그런데 먹는 것은 대한민국 1등이다. 최근에 쯔양이 어떤 영상을 찍었는지 궁금해서 유튜브 영상을 봤다. 클릭한 영상은 쯔양이 김밥천국에 가서 찍은 영상이었다.

쯔양은 김밥천국에 가서 돈가스, 라면, 떡볶이, 김밥, 쫄면 등 기타 여러 개의 음식을 시켰다. 영상을 보면서 이런 생각이 들었다.

'쯔양은 저 많은 음식을 다 먹을 수 있을까?'

그렇게 쯔양은 주문한 음식을 하나씩 먹기 시작하더니 나중에는 모든 음식을 깨끗하게 먹어 치웠다. 나는 그 영상을 보면서 쯔양이 왜 먹방 유튜버로 900만 명의 구독자 수를 보유하고 있는지 알 수 있었다.

그런데 이번에 쯔양 동영상을 보면서 쯔양의 실제 이름이 박정원이라는 것을 알게 되었다. 아마 나뿐만 아니라 많은 사람이 유튜버 쯔양에 대해서는 들어 봤지만 쯔양의 실제 이름이 박정원이라는 건 처음 들어 봤을 것이다.

나는 쯔양을 통해 한 가지 말하고 싶은 것이 있다. 박정원에게 쯔양이라는 자신만의 특별한 이름이 있는 것처럼 우리에게도 한 가지 특별한 이름이 있다. 그 이름은 바로 '크리스천'이다.

크리스천은 '예수님을 따르는 사람'이라는 뜻으로 예수님을 나의 왕으로 모시고 살아가는 사람들을 가리킨다. 크리스천이라는 특별한 이름은 예수님을 믿는 사람에게 평생 따라다닐 이름이기도 하다.

우리는 크리스천으로 어떻게 살아가고 있는가?
우리는 크리스천이라는 이름에 걸맞게 살아가고 있는가?
우리는 크리스천으로 세상 속에서 믿음의 삶을 살기 위해 애를 쓰고 있는가?
우리는 크리스천으로 하나님의 영광을 위해 최선을 다해 살고 있는가?

우리에게는 크리스천이라는 특별한 이름이 항상 따라다니고 있다는 것을 기억하자. 우리 모두가 크리스천이라는 이름에 부끄럽지 않은 사람으로 살아갔으면 좋겠다.

2 마동석은 덩치가 얼마나 클까?

예전에 고등부 아이들과 논쟁을 한 적이 있다. 논쟁의 주제는 나와 마동석 중 누구의 덩치가 더 크냐는 것이었다. 당시 제자 훈련을 하는 아이들이 12명 있었는데 12명 다 마동석이 크다고 말했고, 유일하게 나만 내 덩치가 마동석보다 더 크다고 말했다.

과연 누구의 말이 정답이었을까?

당시 나는 마동석보다 덩치가 더 크다는 확신이 있었다. 우선 내가 그렇게 확신했던 이유는 내가 마동석보다 키가 더 크고 몸무게가 훨씬 더 많이 나갔기 때문이다.

나: 185cm, 110kg
마동석: 178cm, 100kg

나 또한 마동석처럼 한때는 보디빌더를 목표로 운동을 전문적으로 했기 때문에 상체가 일반인들 체형보다 훨씬 발달해 있었다(지금은 아니지만). 여하튼 아이들과의 마동석 논쟁은 웃으면서 훈훈하게 끝이 났다.

나는 마동석과 비슷한 덩치로 인해 길거리를 걸어갈 때면 남자들의 시선을 종종 느낄 때가 있다. 아내와 함께 길을 걸어갈 때면 아내가 나에게 자주 하는 말이 있다.

아내: 여보, 아까 남자 애들 둘이서 당신 쳐다보면서 갔어요.
나: 그래?
아내: 여보, 저기 남자들이 당신 덩치가 엄청 크다고 말하네요.
나: 그래?

아내는 신기한 듯이 나를 쳐다보며 지나가는 남자들을 보면서 나를 놀리곤 한다. 그럼 나는 아내에게 이렇게 말한다.

"여보, 나한테도 다 들려, 쪽팔리니까 빨리 가자."

예전에 아이들과 외부에서 하는 청소년 수련회를 간 적이 있다. 당시 나는 보디빌더에 도전하기 위해 열심히 운동을 하고 있는 상황이었다. 내가 나를 봐도 몸이 상당히 거대했다. 반팔 티를 입으면 자동적으로 쫄티가 됐다. 수련회에 가니까 나는 순식간에 화제의 인물이 되었다. 어디를 가도 사람들이 나를 신기한 눈빛으로 쳐다봤다. 그 시선이 처음에는 너무 불편하고 신경이 쓰였는데, 시간이 지나니까 덤덤해졌다.

시간이 흘러 수련회 마지막 날 저녁 집회 때였다. 아이들과 함께 열심히 기도하고 있을 때였다. 그런데 갑자기 옆에서 인기척이 나서 고개를 돌려 봤더니 남학생 두 명이 나를 쳐다보고 있는 게 아닌가.

나: 얘들아, 무슨 일이니?

남학생 1: 저, 선생님. 죄송한데 부탁 하나만 들어주실 수 있나요?

나: 무슨 부탁인데?

남학생 2: 저, 혹시 선생님 팔 근육 한 번 만져 봐도 될까요?

나: 아…. 그래 만져 봐.

남학생들: 감사합니다. 선생님.

나: 이제 가서 열심히 기도하자.

두 남학생에게 무슨 일이냐고 물어보니까 내 팔을 만져 보고 싶다고 말했다. 나는 두 남학생에게 내 팔을 만져 보는 것을 허락했고, 팔에 잔뜩 힘을 줬다. 그 뒤에 감탄하는 두 학생에게 빨리 가서 기도하라고 말했던 기억이 있다.

나는 이 이야기를 통해 한 가지 말하고 싶은 것이 있다. 운동으로 거대한 몸을 가진 내가 헬스 관장처럼, 또는 경호원처럼 보여도 내가 목사라는 사실은 변함이 없다는 것이다. 목사라는 이름은 어디를 가든 나와 함께하는 특별한 이름이다.

우리도 마찬가지다. 우리에게는 언제나 특별한 이름이 있다. 바로 '크리스천'이다. 우리 모두가 크리스천이라는 특별한 이름을 가진 사람이라는 것을 항상 기억했으면 좋겠다.

언제나 크리스천이란 이름표를 달고 하나님 앞에서, 사람 앞에서 부끄럽지 않고, 오히려 자랑스러운 우리가 되길 바란다.

3. 가수가 내 앞에서 노래를 부른다면?

혹시 유튜브에 〈ODG〉 채널을 알고 있는가?

현재 구독자 수가 무려 328만 명인 〈ODG〉는 많은 사람이 사랑하는 유튜브 채널이다. 이 채널에는 흥미를 끄는 영상이 있는데, 바로 〈ODG 노래방〉이다.

노래방 안에는 일반 학생들이 혼자 앉아 있다. 잠시 뒤에 진짜 가수가 노래방 안으로 들어와 노래를 부른다. 그런데 놀라운 건 앉아 있는 학생들이 노래를 부르러 온 가수를 알아보지 못한다는 것이다.

노래방에 오는 가수마다 한 시대를 풍미했던 인기 많은 가수지만, 어린 학생들의 눈에는 그저 처음 보는 아저씨, 아줌마일 뿐이다. 그렇다고 가수들이 학생들에게 자신이 가수라고 말하지 않는다. 오히려 "노래방 사장인데 노래를 부르고 싶어서 왔다"고 말하기도 하고, "노래자랑에 나가려고 연습하러 온 아줌마"라고 말하기도 한다. 잠시 뒤 음악이 나오고 가수가 자신의 노래를 부른다.

그럼 가수의 노래를 듣는 아이들은 어떤 반응을 보일까?

눈이 동그랗게 커지고 입이 다물어지지 않을 정도로 놀란다. 왜냐하면, 아무 기대도 하지 않은 아저씨와 아줌마가 노래를 너무 잘 부르니까 놀라 자빠지는 것이다.

만약 우리가 좋아하는 가수가 우리 앞에서 우리를 위해 노래를 부른다면 얼마나 기분이 좋을까?

아마 우리에게 평생 잊지 못하는 만남이 될 것이다. 〈ODG 노래방〉을 통해 묻고 싶은 질문이 있다.

당신은 지금까지 살아오면서 잊지 못하는 만남이 있는가?

아마 우리 인생에서 소중한 만남이 있었을 것이다. 나를 낳아 주신 부모님과의 만남, 하나밖에 없는 말 안 듣는 동생과의 만남, 소중한 친구들과의 만남 등.

지금까지 살아오면서 다양한 사람을 만났을 것이다. 그런 만남 가운데 때로는 기분이 좋은 만남도 있었겠지만, 다른 한편으론 만나고 싶지 않은 사람도 있었을 것이다.

그렇다면, 크리스천인 우리에게 가장 중요한 만남을 말하라고 한다면 누구를 말할 수 있을까?

바로 예수님과의 만남이다. 우리가 예수님을 인격적으로 만났다면 이제 그것으로 끝나는 것이 아니다. 예수님을 인격적으로 만난 이후의 삶은 크리스천으로 새로운 시작을 하는 셈이다. 예를 들면 이렇다.

아기들이 처음부터 말을 잘할 수 있을까?

처음부터 말을 잘하는 아기는 단 한 명도 없다. 우리가 알아들을 수 없는 옹알이를 시작으로 조금씩 말이 늘어간다. 우리도 마찬가지다. 예수님을 인격적으로 만났다면, 그 뒤부터 예수님을 알아가면서 조금씩 믿음이 성장해 간다. 중요한 건 우리는 항상 예수님과의 만남을 기대해야 한다는 것이다.

우리는 삶 속에서 예수님과의 만남을 기대하고 있는가?
우리는 예수님을 예배하고 예수님께 나아가기 위해 말씀 읽고, 기도하는 시간을 소중하게 생각하고 있는가?
우리는 삶 속에서 예수님을 얼만큼 생각하며 살아가고 있는가?

나는 우리가 항상 예수님을 갈급해 하는 사람이 되었으면 좋겠다. 항상 예수님의 입장에서 생각하고 행동하는 믿음의 크리스천으로 살아갔으면 좋겠다.

4

세상의 안경 VS 믿음의 안경, 무엇을 쓰고 있니?

나는 초등학교 6학년 때 처음으로 안경을 썼다. 초등학교 때부터 키가 꽤 큰 편이어서 항상 뒤쪽에 앉았는데, 어느 순간부터 칠판에 선생님이 쓴 글씨가 잘 보이지 않았다. 눈에 문제가 생겼다는 걸 알고 안과에 가서 시력 검사를 했다. 검사 결과를 보니까 시력이 상당히 나쁘게 나왔고, 그때를 시작으로 무려 20년 가까이 안경을 썼다.

그런데 나는 서른 살에 인생의 큰 전환점을 맞이했다. 바로 라식 수술을 받았던 것이다. 나는 라식 수술을 받은 후 세상을 다시 바라보았을 때의 순간을 잊지 못한다. 이전까지 안경이 없으면 세상이 다 흐리게 보였다. 앞에 있는 글자 외에는 알아볼 수가 없었다. 그런데 수술을 받고 다시 눈을 떠 보니 흐릿해 보이던 세상이 뚜렷하게 보였다.

너무 신기하고 행복했다. 그렇지만 나는 라식 수술을 한 뒤에도 안경을 계속 쓰고 다녔다. 이유가 있었다. 시력이 좋아졌음에도 내가 안경을 계속 썼던 이유는 친한 친구의 말 때문이었다. 오랜 친구가 안경을 벗은 내 모습을 보더니 이렇게 말했다.

"맥아, 너 안경 벗으니까 못생겨 보이네."

난 친구의 말에 충격을 받고 한동안 안경을 계속 쓰고 다녔다. 사실 나도 20년 동안 안경을 쓰다가 하루아침에 안경을 벗으니까 내 얼굴이 너무 어색했다. 그런데 친구까지 그렇게 말하니까 도저히 안경을 벗고 다닐 수가 없었다. 그래서 나는 라식 수술을 한 뒤에도 한동안 안경을 쓰고 다녔다.

라식 수술을 한 지 한 달 정도 지났을까. 한 달 뒤 나는 안경을 완전히 벗어 버렸다. 그리고 그 이후로 한 번도 안경을 쓰지 않았다. 이유가 있었다. 왜냐하면, 안경을 쓰지 않고 다니는 게 너무 편했기 때문이다.

나는 안경을 통해 한 가지 말하고 싶은 것이 있다. 눈도 시력이 떨어지면 앞을 뚜렷하게 볼 수 없듯이 우리의 영적인 시력도 낮아지면 문제가 일어나게 된다. 쉽게 말해서 믿음의 눈으로 우리가 더 이상 하나님을 바라보지 않는다면 그것만큼 큰 문제가 없다는 것이다.

우리는 기억해야 한다. 크리스천으로 사는 것은 믿음의 눈으로 하나님을 바라보며 사는 것이다. 그리고 믿음의 눈으로 세상을 바라보고 분별해야 한다. 우리가 믿음의 눈으로 하나님을 바라볼 때 비로소 하나님의 마음을 이해할 수 있다. 우리가 믿음의 눈으로 세상을 바라볼 때 세상의 옳고 그름을 바르게 분별하며 하나님의 말씀을 따라 살 수 있다.

반대로 믿음의 눈이 좋지 못하면 하나님의 마음을 제대로 알 수 없다. 그리고 믿음의 눈이 좋지 못하면 세상을 바르게 분별하지 못해서 죄악에 빠져 죄의 노예로 살아갈 수밖에 없다.

우리는 믿음의 눈으로 하나님을 바라보고 있는가?
우리는 믿음의 눈으로 세상을 바라보며 분별하고 있는가?
그렇다면, 우리는 어떻게 믿음의 안경을 쓸 수 있을까?

지금부터 집에 있는 성경책을 펴자. 그리고 매일 성경을 읽자. 성경 속에서 하나님이 어떤 분이신지 알아갈 수 있음을 기억하라. 그리고 시간을 정해서 기도하자. 기도하는 게 어색하면 찬양을 틀어 놓고 기도해도 좋다. 하나님과 1:1의 시간을 가져야 한다.

우리는 반드시 명심해야 한다. 하나님은 지금도 살아 계셔서 믿음의 눈으로 하나님을 바라보며 갈망하는 자들을 찾고 계신다는 사실을 말이다.

우리 다 함께 믿음의 안경을 쓰자. 믿음의 안경을 쓰고 하나님을 바라보고 세상을 바라보자.

5 누군가를 질투해 본 적 있니?

고등부 전임목사로 있을 때였다. 처음 고등부에 부임했는데 네 명의 아이들끼리 서로 갈등이 있었다. 이유를 들어보니까 남학생 세 명이 여학생 한 명을 좋아하게 되면서부터 시작된 갈등이었다.

원래 중학교 때 네 명 다 친한 친구 사이였는데 고등학교에 올라와서 남학생 세 명이 동시에 여학생 한 명에게 사랑을 고백한 것이다. 그리고 세 명의 남학생에게 고백받은 여학생도 고백한 남학생 중 한 명을 좋아하고 있었다. 말 그대로 TV에서나 보던 사각관계가 펼쳐진 것이다.

그런데 그 과정에서 서로를 오해해서 갈등이 깊어졌고 남학생 세 명은 이렇게 하다간 서로 사이가 완전히 멀어질 것 같아서 세 명 다 여학생을 포기하기로 했다. 그 과정에서 남학생 세 명과 여학생 한 명이 서로 심하게 싸워서 사이가 완전히 갈라졌다.

내가 고등부 목사로 갔을 땐, 이미 서로를 헐뜯고 미워하는 사이가 되어 있었다. 내가 옆에서 아이들의 관계 회복을 위해 힘써 봤지만 쉽지 않았다. 한번 뒤엉켜 버린 관계는 정말 오래간다는 걸 그때 알았다.

그 이후 7개월이 지났다. 드디어 기다리고 기다리던 여름 수련회가 시작되었다. 여름 수련회 때 많은 고등학생이 참석했다. 참석한 학생 중에는 서로 갈등이 있던 네 명의 학생도 있었다. 수련회 첫째 날, 나는 말씀을 전하고 기도회를 인도했다.

감사하게도 수련회 첫째 날부터 아이들이 말씀을 열심히 듣고 뜨겁게 기도했다. 그런데 기도회 때 믿을 수 없는 일이 일어났다. 기도회를 인도하는데 한 가지 마음이 강하게 들었다. 나는 이 마음이 하나님께서 주신 마음이라고 확신했고 아이들에게 이렇게 말했다.

"지금부터 친구들끼리 서로 싸운 적이 있거나 현재 갈등이 있다면 먼저 찾아가서 용서를 구하고 함께 기도합시다."

아이들에게 서로 용서를 구하고 기도하자고 말하니까 지금까지 눈물, 콧물 다 흘려 가면서 뜨겁게 기도하던 아이들이 갑자기 쥐 죽은 듯이 조용해졌다. 그러고는 다들 가만히 자리에 앉아 있었다. 나는 속으로 '큰일 났다'는 생각이 들었지만 그래도 다시 한번 더 소리쳤다.

"여러분, 용기를 내서 갑시다. 하나님께서 함께하십니다."

그러자 잠시 후 여학생 한 명이 남학생들이 모여 있는 곳으로 걸어갔다. 누군지 봤더니 그 여학생은 세 명의 남학생들과 갈등이 있던 여학생이었다. 그 여학생은 자기와 싸웠던 남학생들 앞으로 가더니, 울면서 미안하다고 사과했다.

그러자 남학생들은 멋쩍게 웃으면서 자기들도 미안하다고 사과를 하는 게 아닌가. 정말 놀라운 모습이었다. 그런데 거기서 끝난 게 아니었다. 그 모습을 본 다른 아이들도 친구들을 찾아가기 시작했다. 그날 저녁에 고등부에 용서와 사랑이 강하게 흘러넘쳤다.

나는 그때 여학생이 울면서 남학생들에게 가던 그 모습을 아직도 잊지 못한다. 나중에 여학생에게 물어보니 자존심 때문에 처음에는 가고 싶지 않은데 계속 가야 한다는 마음의 찔림을 받았다고 한다. 그래서 순종하는 마음으로 발걸음을 옮겼는데 갑자기 눈물이 터져 나왔던 것이다.

예수님께서는 십자가에서 죽기까지 우리를 사랑하셨다. 예수님은 우리에게 "네 이웃을 내 몸과 같이 사랑하라"(마 22:39)고 말씀하셨다.

크리스천은 예수님께 받은 사랑을 흘려보내는 사람이다.
서로 질투하고 미워하기엔 우리 인생이 너무 아깝지 않은가?
오히려 사랑하고 아껴 주고 힘이 되어 주는 그런 사람이 되기를 축복한다. 그럴 때 우리를 통해 하나님의 사랑이 흘러갈 것이다.

제3장

두려움을 이겨 낼 수 있나요?

많은 친구가 두려움 속에서 살아갑니다. 여러 가지 일로 두려워하며 불안해합니다.

현재 여러분은 어떤 두려움을 가지고 있나요?
그리고 여러분은 마음 안에 있는 두려움을 어떻게 극복하고 있나요?

지금부터 우리 다 함께 두려움을 어떻게 극복할 수 있을지 살펴봅시다.

1 저는 '미래'가 두려워요!

얼마 전에 제자 훈련을 하면서 아이들에게 한 가지 질문을 한 적이 있다.

"현재 너희가 가장 불안해하고 두려워하는 것이 뭐니?"

질문을 한 뒤에 아이들의 대답을 들었다. 그런데 잠시 뒤 아이들의 대답을 듣고 깜짝 놀랐다. 왜냐하면, 제자 훈련을 받는 열 명의 아이 모두가 똑같은 대답을 했기 때문이다.

과연 아이들은 뭐라고 말했을까?

열 명의 아이들은 하나같이 미래에 대한 두려움이 가장 크다고 말했다. 현재 열심히 공부하고 있지만 앞으로 내 미래가 어떻게 될지 모른다는 사실이 두렵다고 말했다. 열 명의 아이들 중 한 명의 친구가 왜 미래가 두려운지 구체적으로 말해 주었다.

그 친구는 중학교 때까지 영어 1등급을 받아서, 제일 자신 있는 과목이 영어였다고 말했다. 그런데 고등학교에 올라와서 첫 중간고사를 쳤는데 영어가 3등급이 나왔다. 그 친구는 시험 성적을 확인하자마자 너무 슬퍼서 눈물을 펑펑 쏟았다. 그러면서 이런 두려움과 불안이 마음속에 깊게 자리 잡게 되었다고 말했다.

'앞으로 고등학교 생활을 잘할 수 있을까?'

나는 그 친구의 말을 들으면서 예전에 내가 고 3이었을 때가 생각났다. 나는 고 3 때 정말 우울했다. 고 3이 너무 힘들고 괴로웠다.
고 3 때 나를 제일 힘들게 했던 생각이 뭔지 아는가?

'앞으로 1년 뒤면 성인이 될 텐데, 내 인생은 어떻게 되는 거지?'

나는 고등학교 시절, 공부를 잘하는 학생이 아니었다. 그렇다고 뭔가 특별한 재능이 있는 학생도 아니었다. 그냥 운동과 게임을 좋아하는 평범한 학생이었다. 그런데 고 3이 되자 앞으로 1년 뒤에 성인이 된다는 생각을 하니 현실이 막막했다.

기분이 좋다가도 수능 이야기만 나오면 우울해졌다. 정말 우울증에 걸린 사람처럼 1년을 보냈다. 나는 그때 내가 겪었던 두려움을 어떻게 이겨 내야 하는지 전혀 몰랐다. 혼자서 두려움에 갇혀 끙끙 앓고만 있었다.

시간이 지나 예수님을 인격적으로 만나고 난 뒤에, 그때 내 모습이 정말 어리석었다는 걸 알 수 있었다.

'힘들고 어려울 때, 예수님께 나아갔어야 했는데….'
'정말 간절히 기도하면서 두려움에 맞섰어야 했는데….'

당시 내가 해야 했던 일은 두려움 앞에 무너지는 게 아니라 하나님을 의지하면서 당당하게 두려움과 맞서 싸우는 것이었다. 수능이 끝난 뒤 나는 1년 동안 재수를 했다. 고 3은 너무 지옥 같은 시간이었지만 반대로 재수할 때의 시간은 은혜의 시간이었다. 하루하루가 감사하고 기뻤다. 나는 그때 알 수 있었다. 학교생활도 예수님과 함께할 수 있다는 걸 말이다.

우리는 학교생활을 예수님과 함께할 수 있다.
그럼 어떻게 예수님과 함께할 수 있을까?

바로 우리의 두려움을 예수님께 맡기고 예수님을 의지하는 것이다. 그럴 때 예수님의 은혜가 우리의 두려움을 치유해 줄 것이다. 우리는 삶 속에서 두려움이 찾아올 때마다 하나님께 그 두려움을 맡기고 이겨 낼 수 있는 힘을 달라고 기도해야 한다.

현재 어떤 두려움이 우리를 가로막고 있는가?

혼자서 답답해하지 말고 예수님께 내 두려움이 뭔지 솔직하게 고백하고 도와달라고 기도해 보자. 분명히 예수님의 만지심이 있을 것이다.

너는 스트레스를 어떻게 풀고 있어?

지금부터 한 가지 단어를 설명하겠다. 이 단어가 어떤 단어인지 맞춰 보자.

이것은 모든 사람이 다 가지고 있다. 이것은 때로는 우리 생활에 활력을 주며 창의력을 높여 주기도 한다. 그러나 이것은 대부분 우리에게 불안이나 두려움, 우울 등의 증상을 가져다준다.

사람들은 이것으로부터 벗어나기 위해 열심히 노력한다. 왜냐하면, 이것이 사람 몸에 있을 때에는 상당히 좋지 않은 결과를 가져다주기 때문이다. 이것은 인간이 겪는 모든 질병에 직간접적으로 70퍼센트 이상의 원인을 제공한다.

이것은 과연 뭘까?
바로 스트레스다. 나는 한 가지 묻고 싶은 것이 있다.
우리는 언제 스트레스를 받는가?

많은 학생이 시험 때가 되면 스트레스를 받는다. 중간고사, 기말고사 기간이 1달 앞으로 다가오면 갑자기 알 수 없는 무거움이 마음속에 가득하다. 이번 중간고사만큼은 성적을 잘 받아야 한다는 압박감이 스트레스가 되어 돌아온다.

"이번엔 내신 성적을 잘 받아야 하는데….”
"수학 2등급 받아야 하는데….”
"제발 영어 3등급만 받아 보자.”

이렇게 시험 때만 되면 스트레스가 하늘을 찌를 듯 우리 마음을 힘들게 한다. 그래서 우리는 나름대로 스트레스에서 벗어나기 위해 많이 노력한다.

누군가는 영화를 보면서 스트레스를 풀려고 할 수 있다. 영화관에 앉아서 영화를 보면서 팝콘을 먹을 때, 그 순간만큼 내 안에 있는 모든 걱정과 염려들이 다 떠나는 것처럼 느껴진다.

또 다른 누군가는 운동을 하면서 스트레스를 풀려고 할 수 있다. 친구들과 함께 모여서 축구를 할 때 그 순간만큼은 평소에 가지고 있던 스트레스를 잊어버린다.

누군가는 컴퓨터 앞에 앉아서 게임이나 인터넷을 하면서 스트레스를 풀려고 할 수 있다. 컴퓨터 앞에 앉아 있는 그 순간만큼은 다른 어떤 불안과 걱정과 염려들로부터 벗어날 수 있다고 생각한다.

그리고 또 다른 누군가는 핸드폰으로 인스타, 유튜브를 보면서 스트레스를 풀려고 할 수 있다. 저녁 잠자리에 들기 전, 인스타와 유튜브에 접속해서 시간 가는 줄 모르고 보다가 늦게 잠든 적이 한두 번이 아니다.

마지막으로 다른 누군가는 음악을 들으면서 스트레스를 풀려고 할 수 있다. 왜냐하면, 가수들의 감미로운 노래를 들을 때 그 순간만큼은 걱정, 불안, 두려움에서 벗어나는 것처럼 느껴지기 때문이다. 그래서 어디를 갈 때도 에어팟은 꼭 가지고 다녀야 하는 필수품이 되었다.

그렇다면, 다시 질문해 보겠다.

현재 우리는 어떤 일로 스트레스를 받고 있는가?
현재 우리를 불안하게 만드는 것은 무엇인가?
현재 우리는 무엇 때문에 근심하며 걱정하고 있는가?

우리는 기억해야 한다.

아무리 호소력 짙은 노래를 몇 시간씩 들어도!
컴퓨터 앞에 앉아서 게임을 하루 종일 하더라도!
영화관에서 영화를 아무리 재미있게 보더라도!
핸드폰을 몇 시간씩 붙잡고 있다고 할지라도!

여전히 내 마음 안에 있는 불안, 염려, 근심, 걱정, 두려움을 극복할 수 없다는 것을 말이다. 그때는 아무런 걱정 없이 그 순간을 즐기지만 오히려 시간이 지나면 마음 안에 있는 공허함, 외로움, 걱정, 불안은 사그라들지 않고 내 속에서 점점 커져 나가는 걸 느낄 수 있다.

그럼 우리는 누구에게 기대야 하는 걸까?
예수님은 이렇게 말씀하셨다.

> 수고하고 무거운 짐 진 자들아, 다 내게로 오라. 내가 너희를 쉬게 하리라
> (마 11:28).

정답은 예수님께 나아가는 것이다. 예수님은 우리의 근심, 걱정, 염려, 고민을 다 알고 계신다. 우리가 예수님께 솔직히 나아가면 예수님께서 우리의 마음을 위로하고 만져 주실 것이다.

우리 함께 예수님께 나아가자.
예수님께 모든 것을 맡기자.
예수님의 인도하심을 간절히 구하자.
우리 함께 예수님 안에서 스트레스에서 벗어나자.

너는 두려움을 어떻게 극복하고 있니?

축구대회 중에서 전 세계인의 축제라 불리는 것이 있다. 바로 월드컵이다. 우리나라는 1986년 멕시코 월드컵부터 2022년 카타르 월드컵까지 10회 연속 월드컵에 진출했다.

2002년에는 우리나라에서 월드컵을 개최했다. 그때 우리나라 대표팀은 8강에서 강호 스페인과 승부차기를 했다. 결과는 충격적이었다. 왜냐하면, 대한민국이 승리했기 때문이다. 당시 대한민국 골키퍼였던 이운재 선수가 승부차기에서 극적으로 선방해 스페인을 5:4로 물리치고 4강에 진출했다.

지금부터 꺼낼 이야기는 2018년 러시아 월드컵에서 실제로 일어났던 일이다. 당시 월드컵 8강에서 러시아와 크로아티아가 경기를 하고 있었다. 경기는 상당히 치열했는데 서로 두 골씩 주고받으면서 2:2가 되었고, 연장전에서도 승부를 가리지 못해 무승부로 경기를 마쳤다. 이제 두 팀은 승부차기에 들어갔다.

혹시 승부차기가 뭔지 알고 있는가?
승부차기는 한 팀에 대표 선수 5명을 정해서 한 명씩 나와서 슛을 차는 것이다. 만약 5명의 선수로 승부를 가리지 못했을 때에는 나머지 선수가 한 명씩 나와서 골을 넣을 때까지 승부를 벌인다.

그렇게 승부차기가 시작되자 선수들이 한 명씩 나와서 슛을 때렸고 크로아티아가 1골 앞서 나가고 있었다. 이제 승부차기 마지막 순간이었다. 크로아티아 선수가 골을 넣으면 크로아티아는 월드컵 4강에 진출할 수 있었다. 그리고 그 순간을 간절히 지켜보는 사람들이 있었는데 바로 크로아티아의 소방관들이었다.

크로아티아의 소방관들이 소방서에 함께 모여서 축구 경기를 시청하고 있었다. 다들 크로아티아 선수가 골을 넣길 바라는 마음으로 숨죽여 텔레비전을 지켜보고 있었다. 그런데 그때 갑자기 사이렌 소리가 강하게 울렸다. 재난이 발생했다는 신호였다. 그러자 놀랍게도 승부차기에 집중하고 있던 모든 소방대원이 잽싸게 옷을 걸쳐 입고 소방차를 타고 떠나는 모습이 카메라에 잡혔다.

이때 소방관들이 옷을 입고 출발하는 데 걸린 시간이 얼마였을까? 무려 20초였다. 그들은 20초 만에 모든 것을 다 준비해서 재난 현장으로 떠난 것이다.

나는 그 영상을 보면서 깜짝 놀랐다. 나 같으면 골이 들어가는 것까지만 보고 출발했을 것 같은데 크로아티아 소방관들은 그렇게 하지 않았다.
그렇다면, 소방대원들은 왜 그렇게까지 빨리 재난 현장으로 달려가려고 했을까?

왜냐하면, 소방대원들이 얼마나 빨리 재난 현장에 도착하느냐에 따라 한 사람이라도 더 구할 수 있기 때문이다. 소방대원들은 누구보다 그 사실을 잘 알고 있기에 월드컵 4강 진출이 걸린 승부차기 마지막 순간에도 급하게 출동했다.

　나는 크로아티아 소방관들 이야기를 통해 하고 싶은 말이 있다. 우리는 사고가 나면 119에 전화해서 도움을 요청한다. 그러면 구조 대원들이 재빨리 사고 현장으로 출동해서 우리를 구해 줄 것이다.
　그렇다면, 우리는 우리 안에 두려움이 생겼을 때 누구에게 도움을 요청할 수 있을까?

　바로 하나님께 도움을 요청할 수 있다. 우리가 하나님께 도움을 요청하면 하나님께서 우리의 요청에 귀를 기울여 주신다. 크로아티아 소방관들이 환자를 살리기 위해 순식간에 준비해서 현장으로 달려갔던 것처럼 하나님은 한순간도 놓치지 않고 우리를 주목하고 계신다.

　우리는 현재 어떤 문제와 어려움으로 두려워하고 있는가?
　우리 모두가 하나님께 SOS를 쳤으면 좋겠다. 하나님만이 내 문제를 해결하실 수 있다는 간절함으로 하나님께 나아가기를 축복한다.

마음 안에 두려움을 이겨 낼 수 있을까?

2011년에 개봉했던 〈소울서퍼〉라는 영화를 알고 있는가?

영화 주인공인 베서니 헤밀턴은 하와이에서 태어나 부모님과 두 오빠의 사랑을 받으며 살아가는 평범한 여학생이다. 그런 베서니에게는 한 가지 특별한 꿈이 있다. 바로 프로 서퍼가 되는 것이다.

베서니는 하와이에서 태어나 어린 시절부터 부모님에게 서핑을 배웠다. 그녀는 매일 바다에서 놀면서 서핑을 했고 이제 서핑은 그녀 삶의 전부가 되었다. 그러던 어느 날, 그녀는 바다에서 서핑을 하다가 거대한 상어의 공격으로 한 팔을 잃는 큰 사고를 당한다. 의사는 베서니가 살아있는 것 자체가 기적이라고 말하지만, 프로 서퍼가 되는 것이 꿈이었던 베서니는 이 상황이 너무 좌절스러울 뿐이다.

결국, 베서니는 가족에게 프로 서퍼의 꿈을 접겠다고 선언한다. 그러곤 여름방학 때 교회 봉사활동에 지원해 거대한 쓰나미가 덮쳤던 태국 푸켓으로 떠난다. 베서니는 그곳에는 베서니의 불행과는 비교도 안 되는 절망적 상황에 처한 사람들을 보게 된다. 한순간에 엄마, 아빠를 잃은 아이들, 자식을 잃은 부모들을 보면서 베서니는 많은 것을 생각하고 깨닫는다.

베서니는 절망적인 환경에 처한 어린이들을 위로하려고 즉흥적으로 서핑을 가르친다. 베서니는 즐거워하는 아이들을 보면서 보람을 느끼며 어둡던 마음을 다시 회복하고 집으로 돌아온다. 베서니는 다시 서핑을 하기로 마음먹는다. 베서니는 가족의 격려 속에 아빠의 코치를 받아 가며 맹연습을 하고 마침내 대회에 출전한다.

〈소울서퍼〉는 실화를 바탕으로 제작한 영화다. 나는 이 영화를 통해 몇 가지 묻고 싶은 질문이 있다.

우리도 베서니처럼 큰 두려움을 느꼈던 적은 없는가?
우리도 베서니처럼 뜻하지 않은 일로 인해 곤경에 처한 적은 없는가?
그렇다면, 만약 두려운 상황에 처하게 된다면 어떻게 대처해야 할까?

우리 안에 있는 두려움을 극복하기 위해 한 가지 명심해야 할 게 있다. 바로 내가 취할 수 있는 인간적인 방법으로는 결코 내 안의 두려움을 극복할 수 없다는 사실이다.

그럼 어떻게 해야 할까?

바로 나와 함께하시는 하나님을 바라봐야 한다. 마음 안에 있는 두려움을 극복할 수 있는 유일한 방법은 하나님이 어디서든지 우리와 함께 계신다는 믿음을 가지고 하나님께 기도하는 것이다.

하나님은 오늘도 우리와 함께하고 계신다. 우리가 어디를 가든지 우리를 살피고 지키신다. 우리는 어디에 있든 하나님이 나와 함께하심을 믿고 신실하고 변함 없으신 하나님을 의지하면서 나아가야 한다.

⑤ 외모 VS 마음, 하나님은 무엇을 주목하실까?

나는 고등학교 때 한 가지 외모 콤플렉스가 있었다. 뭐였냐고 하면 바로 머리숱이었다.

머리숱이 콤플렉스였다니, 뭔가 감이 오지 않는가?

그렇다. 나는 다른 사람들보다 머리숱이 많이 없었다.

매일 거울을 들여다보면서 머리숱이 없는 내 모습을 보며 좌절하곤 했다. 그런데 신기한 건 다른 사람들은 내가 머리숱이 적다는 걸 전혀 눈치채지 못했다는 사실이다. 처음에는 그 이유를 몰랐는데 곰곰이 생각해 보니 그 이유를 알 수 있었다. 당시 내 키가 다른 애들보다 조금 컸기에 다른 친구들이 내 머리 위를 자세히 볼 수 없었던 것이다.

당시 나는 머리숱이 적은 게 너무 큰 스트레스였고 이런 생각에 젖곤 했다.

'이대로 가다간 사랑하는 사람을 만나기도 전에 대머리가 되면 어쩌지?'

'나는 앞으로 과연 결혼을 할 수 있을까?'

'대머리가 되면 사람들이 나에게 뭐라고 말할까?'

'나중에 머리가 많이 빠지면 가발을 써야 하나?'

나는 아직 일어나지도 않은 일을 혼자서 심각하게 고민하고 있었다. 그런데 지금 돌아보면 고등학교 시절 나에게 가장 중요했던 고민은 내가 다른 사람들에게 어떤 모습으로 보이느냐는 것이었다. 내 외모가 어떻게 보이는지, 내가 입고 있는 옷이 어떻게 보이는지, 내가 신고 있는 신발이 어떻게 보이는지, 내가 하고 있는 헤어스타일이 어떻게 보이는지를 상당히 중요하게 생각했다.

이런 콤플렉스가 깨지게 된 계기가 있었다. 바로 예수님을 인격적으로 만나면서 나의 외모 콤플렉스가 사라질 수 있었다. 나를 향한 예수님의 깊은 사랑을 알게 되니까 더 이상 다른 사람에게 외모로 잘 보이고 싶은 마음이 강하게 들지 않았다.

나는 외모보다 더 중요한 걸 알게 되었다. 다른 사람의 시선보다 예수님의 시선이 더 중요하는 사실을 말이다. 이제 나는 다른 사람에게 잘 보이는 것보다 예수님이 무엇을 좋아하시는지, 무엇을 원하시는지를 더 고민하는 사람이 되었다.

우리는 현재 무엇에 신경을 쓰고 있는가?
내가 다른 사람에게 어떤 사람으로 비칠지 고민하고 있는가?

우리는 그런 고민보다 이런 고민을 먼저 하는 사람이 되었으면 좋겠다.

나는 하나님께 어떤 사람으로 비칠까?
하나님께서 내 모습을 어떻게 생각하실까?
하나님은 나를 보면서 어떻게 판단하실까?

나는 우리 모두가 하나님께 어떤 사람으로 비칠까를 먼저 고민하는 사람이 되었으면 좋겠다. 사람은 외모를 보지만 하나님은 중심을 보신다(삼상 16:7). 하나님의 마음에 합한 사람이 되자.

아직 일어나지도 않은 일에 벌써부터 고민할 필요는 없다

내가 섬기는 고등부에 여학생이 한 명 있었다. 그 여학생은 고등부에 새롭게 올라와서 고등학교 입학을 앞두고 있었다. 여학생은 평소에 상당히 활발했으며, 매사에 적극적인 성격으로 많은 친구에게 사랑을 받았다.

당시 나는 새롭게 올라온 고등학교 1학년 학생들을 만나러 다니고 있었다. 그 여학생과도 약속 시간을 잡고 만나기로 했다. 만나기로 한 당일, 나는 교회 카페에서 여학생을 기다리고 있는데, 여학생이 심각한 표정을 지은 채 걸어왔다.

나: ㅇㅇ아, 잘 지냈어?
여학생: 네 목사님. 잘 지냈어요.
나: 오늘 ㅇㅇ이 얼굴 표정이 별로 안 좋아 보이는데 무슨 일 있어?
여학생: 네. 목사님. 저 요즘에 고민이 있어요.
나: 고민?
　　무슨 고민인지 말해 줄 수 있어?
여학생: 엄마가 아는 지인의 딸이 이번에 수능을 쳤거든요. 그런데 실수로 답을 밀려 썼나 봐요. 목사님, 저도 고 3이 되면 수능 준비 잘해야 하는데 그런 실수할까 봐 겁나요.

나: 아… 네가 아는 언니가 수능을 치다가 실수했구나. 언니 마음이 많이 속상하겠네.

그 여학생의 얼굴 표정이 심각했던 이유는 자기가 수능을 칠 때 실수하지는 않을까 하는 두려움 때문이었다. 그 여학생은 평소 잘 알고 지내던 언니가 수능 때 실수했다는 사실에 충격을 받은 듯했다. 나는 심각한 표정을 짓고 있는 여학생에게 이렇게 말했다.

"너 아직 고 1이야. 수능 치러면 3년이나 남았어. 지금 일어나지도 않은 일에 벌써부터 두려워할 필요 없어!"

그 여학생은 아직 고등학교도 입학하지 않은 상태였다. 그런데 벌써부터 수능 때 실수하지는 않을까 하는 두려움에 빠져 있었다. 나는 그 여학생의 말을 듣고 시원하게 말했다.

지금 넌 아직 고등학교도 입학하지 않았고, 아직 시간은 많이 남아있으니 벌써부터 일어나지 않은 일에 두려워하지 말라고 말이다.

그 여학생은 내 말을 듣더니, 정신을 번쩍 차리면서 말했다.

"아, 목사님. 그러고 보니 아직 제가 수능을 치러면 3년 가까이 남았네요. 지금 저에게 주어진 일에 최선을 다해야겠어요. 감사합니다."

내가 여학생의 이야기를 하는 이유가 있다. 우리는 여러 두려움을 가지고 살아간다. 그런데 내가 가지고 있는 두려움을 자세히 살펴보면, 아직까지 일어나지 않은 일에 대한 두려움이 많이 있다.

우리는 아직까지 일어나지 않은 일에 두려워할 필요가 없다. 오늘도 우리와 함께하시는 하나님이 그때에도 우리를 지키고 인도하실 것이다.

아직 일어나지 않은 일에 두려워하며 불안에 휩싸이는 모습은 하나님께서 원하시는 모습이 아니다. 만약 그런 불안함과 두려움이 찾아오면 이렇게 외쳐라.

"지금까지 나를 지키시며 인도하신 하나님, 오늘도 하나님을 바라봅니다. 나를 긍휼히 여겨 주시고, 나를 인도하여 주옵소서."

기억하라. 하나님은 우리가 어떤 어려움에 처해있든지 우리를 지키고 인도하실 것이다. 마음이 두려울 땐 나와 함께하시는 하나님을 바라보자.

제4장

유혹을 어떻게 이겨 낼 수 있나요?

크리스천이 피해갈 수 없는 것이 한 가지 있는데 바로 '유혹'입니다. 마귀는 오늘도 우리를 유혹합니다.

그렇다면 마귀가 우리를 유혹하는 이유는 뭘까요?
그리고 우리는 마귀의 유혹을 어떻게 이겨 낼 수 있을까요?

우리 다 함께 유혹을 어떻게 이겨 낼지 살펴봅시다.

1 마귀는 우리를 어떻게 유혹할까?

얼마 전, 전화 한 통이 걸려 왔다. 전화를 건 사람은 내가 담당하고 있는 고등부 남학생의 어머니였다. 어머니는 나에게 이렇게 말했다.

"목사님, 저희 아들이 경찰서에서 조사를 받고 있어요. 어떻게 해요."

어머니는 떨리는 목소리로 남학생이 신고를 당해 경찰서에 있다고 말했다. 나는 그 소식을 듣고 깜짝 놀랐다. 왜냐하면, 그 남학생은 평소에 괜찮은 친구였기 때문이다. 신고를 당할만한 일을 하는 그런 친구가 아니었다. 이유를 들어보니까 그 남학생이 에어팟을 중고 거래하다가 걸렸다고 했다.

그렇다면, 중고 거래를 하는데 왜 신고를 당했을까?
왜냐하면, 그 남학생이 자기 에어팟이 아닌 다른 사람의 에어팟을 중고 거래하다가 걸렸기 때문이다.

남학생은 학교 쉬는 시간에 매점을 가려고 계단을 내려가고 있었다. 그런데 계단 사이에 에어팟이 떨어져 있는 걸 발견했다. 주변을 살펴보니 남학생 외에는 아무도 없었고, 그 남학생은 망설이다가 에어팟을 주머니에 넣고 다시 교실로 돌아왔다.

그 남학생은 계단에서 주운 에어팟을 어떻게 할지 고민했다. 처음에는 주인을 찾아서 돌려줘야 한다고 생각했는데, 마음 한구석에 에어팟을 팔면 돈을 벌 수 있을 거라는 생각이 들었다. 결국, 그 남학생은 에어팟을 중고 거래로 파는 것을 선택했다.

그 남학생은 걸리지 않기 위해 나름 머리를 썼다. 다른 학교에 다니는 교회 친구에게 부탁해서 대신 중고 거래로 팔아 달라고 말했다. 교회 친구는 아무것도 모른 채 중고 거래에 남학생이 준 에어팟을 올렸다. 그런데 잠시 뒤에 교회 친구는 경찰서에 조사를 받으러 가야 했다. 왜냐하면, 에어팟을 잃어버린 주인이 중고 거래를 지켜보다가 자신의 에어팟이 올라온 것을 보고 경찰에 신고했기 때문이다.

교회 친구는 영문도 모른 채 신고를 당해 경찰서로 조사를 받으러 갔다. 경찰은 조사하는 과정에서 교회 친구에게 에어팟을 팔아 달라고 말한 남학생을 알게 되었고, 그 남학생을 불러 조사했다. 나중에 그 남학생은 학교에서 처벌을 받고 신고한 친구와도 합의를 해야 했다.

나는 남학생 이야기를 통해 말하고 싶은 게 있다. 우리에겐 삶을 살면서 피해 갈 수 없는 것이 한 가지 있다. 그것은 바로 유혹이다. 우리는 유혹을 피해 갈 수 없다.

유혹이란 단어의 뜻을 알고 있는가?
유혹은 나를 좋지 않은 길로 이끄는 것을 뜻한다.

우리는 어떤가, 유혹을 받을 때 쉽게 넘어가는 편인가?
아니면 유혹을 이겨 내는 편인가?
그렇다면, 우리를 유혹하는 존재는 누굴까?

바로 마귀다. 마귀는 오늘도 우리를 유혹하고 있다.
그럼 마귀는 우리를 어떻게 유혹할까?

마귀는 하와에게 선악과를 먹으면 "네가 하나님처럼 될 수 있다"고 유혹했던 것처럼, "인생의 주인공은 하나님이 아니라 너"라고 우리를 유혹한다. 그래서 "하나님을 위해 살지 말고 너 자신을 위해 살라"고 말한다. "하나님을 위해 공부하지 말고 너를 위해 공부하라"고 말한다. "하나님을 위해 돈을 벌지 말고 네 행복을 위해 돈을 벌라"고 유혹한다.

어떻게 보면 마귀의 말이 다 맞는 것처럼 보인다. 우리 인생은 단 한 번밖에 없다. 한 번 사는 인생 나를 위해 살아야지, 다른 누군가를 위해 살아갈 이유가 없다. 그렇지만 우리는 반드시 기억해야 한다. 마귀의 속삭임이 사실처럼 들려도 실제로는 거짓말이라는 것을 말이다.

내 삶의 진정한 통치자는 내가 아니다. 바로 하나님이시다. 우리가 하나님의 창조 목적에 맞게 하나님을 주인 삼아 살아갈 때, 우리는 예수님 안에서 진정한 행복과 자유를 누릴 수 있다.

현재 우리는 살아가는 모든 곳에서 예수님을 왕과 주인으로 인정하고 살아가고 있는가?
아니면 여전히 나 자신이 왕이 되어서 살아가고 있는가?

예수님을 왕으로 모시고 예수님과 동행하며 살아가는 우리 모두가 되기를 축복한다.

2

"목사님, 저 콘서트 티켓 취소했어요. 그런데 눈물이 나요."

내가 사역하던 고등부에 2학년 여학생이 한 명 있었다. 그 여학생은 모태신앙으로 주일이 되면 예배를 빠지지 않고 꼭 참석하는 학생이었다. 그런데 코로나가 터지면서 상황이 달라졌다. 코로나가 터짐과 동시에 그 여학생의 신앙생활이 완전히 무너졌다.

그 여학생은 코로나 때 교회를 나가지 않고, 온라인으로 예배를 드리다가 나중에는 온라인 예배까지 드리지 않는 상태가 되어 버렸다. 방황하는 여학생의 모습을 보다 못한 친구가 현장 예배를 드리고 있던 자기 교회에 여학생을 전도했다. 그렇게 여학생은 당시 내가 담당하고 있던 고등부에 등록하고 예배를 드리기 시작했다.

그 여학생은 고등부에 온 뒤 6개월 뒤에 제자 훈련을 받았다. 나는 처음에 그 여학생이 제자 훈련을 잘 따라올 수 있을지 걱정을 많이 했다. 그런데 생각보다 그 여학생은 제자 훈련에 열심히 참여했다. 매일 성경을 읽고 기도하는 시간을 가지며 금요철야, 토요기도회는 물론 저녁예배도 참석했다.

그러던 어느 날, 금요철야 때 설교가 끝나고 다 같이 기도를 하는데 멀리서 그 여학생이 펑펑 울면서 기도하고 있는 모습이 보였다. 나중에 들어보니 제자 훈련 숙제를 하기 위해 금요철야에 참석했다가 은혜를 받았다고 했다. 그 여학생은 지금까지 모태신앙으로 오랫동안 신앙생활을 해 왔음에도 예수님이 멀게만 느껴졌는데 그때 처음으로 예수님이 살아 계시는 분이라는 걸 알게 되었다고 했다. 그 이후로 그 여학생은 완전히 달라졌다. 예수님을 정말 사랑하는 사람으로 말이다. 그러던 어느 날, 그 여학생이 나를 찾아와서 조심스럽게 말했다.

"목사님, 저 2주 뒤에 콘서트에 다녀오려고요."

그 여학생은 중학교 때부터 좋아했던 가수의 콘서트 소식을 알고 그 콘서트를 보러 가기로 결심했던 것이다. 그런데 그 여학생이 콘서트를 보러 가기 위해 해결해야 할 한 가지 문제가 있었다. 바로 콘서트 날이 주일이었기 때문이다. 그 여학생은 주일예배를 갈지 콘서트장에 갈지 머리를 싸매며 고민하다가 어렵게 결정을 내렸다. 예배를 한 주 빼지고 콘서트장에 가기로 말이다.

여학생이 이런 결정을 내리기까지 나름 이유가 있었다. 여학생은 예수님을 믿기 전에 콘서트 티켓팅에 성공한 거라서 이번 하루만 교회를 빠지고 갔다 오자고 생각했다. 여학생은 처음에 콘서트를 보러 간다는 생각에 마음이 설레고 기뻤다. 그런데 놀라운 일이 일어났다. 여학생의 믿음이 점점 커지다 보니 주일에 예배를 드리지 않는 것에 큰 찔림을 받았던 것이다.

그 여학생은 어떻게 해야 할지 고민하다가 한 가지 방법을 생각해냈다. 공연장 근처에 있는 교회에서 예배를 드린 후 공연을 보러 가기로 말이다. 그렇지만 공연 날짜가 다가올수록 그 여학생은 자신이 너무 부끄러웠다. 왜냐하면, 주일예배를 타협하려는 자신이 하나님 앞에서 너무 죄송했기 때문이다.

그 여학생은 고민 끝에 공연 이틀 전에 핸드폰을 손에 쥐고 예매 취소 버튼을 눌렀다. 처음에는 몇 달을 기대했던 공연을 보지 못한다는 사실에 눈물이 하염없이 흘러내렸다. 그런데 시간이 지날수록 어느 순간부터 유혹을 이겨 낼 수 있게 해 주신 하나님께 감사하다는 생각이 들었다. 그 여학생은 주일에 공연장이 아닌 교회에서 예배드리고 있는 자신을 보며 지금 이 자리에 있을 수 있어 정말 다행이라고 생각했다.

나는 여학생의 이야기를 통해 말하고 싶은 것이 한 가지 있다. 나는 이런 모습이야말로 하나님 앞에서 진짜 신앙인의 모습이라고 확신한다. 좋아하는 가수의 콘서트를 보러 가고 싶지만 하나님을 먼저 생각해서 티켓을 취소하고 주일에 예배드리러 나온 여학생의 모습이 오늘 우리의 모습이 되기 바란다.

마귀는 늘 우리를 하나님의 길에서 벗어나도록 유혹한다.
우리는 현재 유혹에 어떻게 대처하며 살아가고 있는가?

나는 우리가 세상의 유혹에 당당히 맞서고 하나님이 기뻐하시는 일에 순종하는 사람이 되었으면 좋겠다.

너희는 마기꾼이니? VS 마해꾼이니?

코로나가 거의 끝나갈 무렵 남학생 한 명을 학교에서 집으로 데려다주고 있을 때였다. 집으로 돌아가던 도중 남학생과 함께 이런저런 이야기를 하다가 곧 있으면 밖에서 마스크를 벗고 다니게 될 것이라고 말했다. 그때 남학생이 나에게 이렇게 말했다.

> "목사님, 다른 사람이 마스크를 벗어도 저는 마스크를 절대 벗지 않을 거예요."

그 남학생은 앞으로 마스크를 벗게 되는 날이 오더라도 마스크를 벗지 않겠다고 말했다.
그렇다면, 그 남학생은 왜 마스크를 벗지 않겠다고 말했을까?

남학생: 목사님, 저는 마기꾼이거든요. 그래서 마스크를 안 벗을 거예요.

나: 마귀꾼?
마귀꾼이 무슨 말이야? (마귀라…상당히 이상한 말인데….)

남학생: 목사님, 마기꾼은요. 마스크 사기꾼의 줄임말이에요.

나: 아…그랬구나 (마귀가 아니라 마기라는 걸 깨달음).

남학생: 그래도 목사님은 제가 봤을 때 마해자예요.

나: 마해자라니, 그건 또 뭐야?

남학생: 마해자는 마스크 피해자란 뜻이에요. 목사님은 그래도 마스크 쓰는 것보다 안 쓰는 게 더 괜찮은 것 같아요.

나: 음… 그래?
고맙다.

나는 그때 처음으로 '마기꾼'이란 단어가 무슨 뜻인지 알 수 있었다. 마기꾼이란 '마스크 사기꾼'의 줄임말로써 마스크를 벗은 얼굴이 마스크를 쓸 때보다 못생겨 보이는 사람을 뜻한다. 반대로 '마해자'라는 말도 있다. 마해자는 '마스크 피해자'의 줄임말로 마스크로 인해 뛰어난 미모가 가려져 손해를 보는 사람을 뜻한다.

그렇다면, '마기꾼', '마해자'라는 신조어까지 생겨날 정도로 사람들이 매일 마스크를 썼던 이유가 무엇인가?
바로 코로나19로부터 나를 지키기 위해서였다. 아주 얇은 마스크였지만 그 마스크 한 장 때문에 병균이 몸속으로 들어오는 것을 막을 수 있었다.

나는 마스크를 통해 하고 싶은 말이 있다. 우리도 세상을 살다 보면 마귀가 주는 유혹을 받는다.
그렇다면, 마귀가 우리를 유혹하는 이유가 뭘까?

마귀는 우리가 세상의 쾌락에 빠져 스스로 죄를 짓고 하나님을 떠나도록 교묘히 유혹한다.

그런데 마귀의 유혹으로부터 우리를 보호해 주는 것이 한 가지 있다. 마스크가 우리를 전염병에서 보호해 주듯이 이것 또한 세상의 유혹으로부터 우리를 보호해 준다. 우리가 이것을 항상 마음속에 지니고 있을 때 우리는 세상의 유혹과 시련과 고난에도 언제든 일어날 수 있다.

그렇다면, 이것은 뭘까?

바로 하나님의 말씀이다. 하나님의 말씀이 내 안에 충만할 때 우리는 마귀의 유혹을 거뜬히 이길 뿐만 아니라 시련과 절망 속에서도 일어설 수 있다. 우리 다 함께 하나님의 말씀을 마음속에 가득 채워 넣자.

"목사님, 저희 성관계 가졌어요. 용서받을 수 있나요?"

하루는 고등학생 두 명이 찾아왔다. 두 학생은 조심스럽게 나에게 말했다.

> "목사님, 저희는 사귀면서 성관계를 몇 번 했어요. 하나님 앞에 너무 부끄러워요. 저희는 용서받을 수 있나요?"

두 학생은 고등학교 3학년생으로 중학교 때부터 오랫동안 이성 교제를 해 왔던 친구들이었다. 나는 두 학생에게 이성 교제를 하다가 문제가 있으면 찾아오라고 말했다. 두 학생은 조심스럽게 나를 찾아와서 중학생 때부터 성관계를 가졌다고 말했다. 두 학생은 성의 유혹에 넘어가지 말아야 한다는 걸 알면서도 성의 유혹에서 헤어 나오지 못하고 있다고 말했다.

두 학생은 이런 은밀한 고민을 다른 사람에게는 말할 수 없어서 나를 찾아왔던 것이다. 당시 나는 두 학생의 말을 듣고 깜짝 놀랐다. 그리고 두 학생에게 어떤 말을 해 줘야 하나 심각하게 고민했다. 잠시 뒤 나는 두 학생에게 이렇게 말했다.

> "얘들아, 너희가 나한테 말하는 게 쉽지 않았을 텐데, 말해 줘서 고마워. 목사님이 너희한테 먼저 말해 주고 싶은 건, 예수님은 우리 죄를 용서해 주시

는 분이셔. 너희가 예수님께 회개하면 예수님께서 용서해 주실 거야. 너희 스스로를 정죄하지 말고, 예수님께 솔직하게 나아가서 회개했으면 좋겠어. 그리고 목사님은 너희가 단호한 결단을 내려야 한다고 생각해. 앞으로 또 유혹은 다가올 거야.
그럼 어떻게 해야 할까?
앞으로 둘이 있을 수 있는 자리는 꼭 피해야 해. 그리고 지금 너희가 하고 있는 이성 교제에 대해 다시 한번 더 하나님께 묻고 기도하는 시간을 가져 보자."

나는 고민 끝에 아이들에게 둘만 있는 시간을 만들지 말고, 주님 앞에 간절히 회개하고, 서로를 돌아보는 시간을 가지라고 말했다. 이처럼 죄의 유혹은 정말 무섭다. 특히, 성의 유혹은 중독성이 정말 강하다. 빠져나와야 한다는 걸 알고 있지만 막상 빠져나오는 게 쉽지 않다.

그럼 우리는 어떻게 성의 유혹, 즉 죄의 유혹으로부터 빠져나올 수 있을까?

결론은 이렇다.
내 스스로의 힘으로는 빠져나올 수 없다.
그럼 우리에게는 희망이 전혀 없는 것일까?

그렇지 않다. 왜냐하면, 우리가 죄의 유혹에서 이겨 낼 수 있도록 우리를 도와주는 분이 계시기 때문이다. 그분은 바로 나의 죄를 용서하시기 위해 십자가에 피 흘린 예수님이시다.

우리가 예수님께 은혜를 구하며 나아가면, 예수님은 우리가 성의 유혹을 거뜬히 이겨 낼 수 있도록 은혜를 주신다. 왜냐하면, 예수님은 우리가 믿음의 길을 가고자 할 때 능력을 베푸는 분이시기 때문이다.

우리는 스스로 거룩할 수 없는 연약한 존재임을 예수님 앞에 인정하고 예수님을 바라보며 나아가야 한다. 나는 우리 모두가 죄의 유혹에 빠지지 말고 예수님의 사랑에 흠뻑 빠지는 사람이 되기를 소망한다.

5 "맨유가 왜 우상이 될 수 있어요?"

"목사님, 맨유가 왜 우상이 될 수 있어요?"

이 질문은 내가 가르치던 남학생이 나에게 직접 했던 질문이다.
왜 남학생은 이런 질문을 했을까?

그 남학생은 축구 보는 것을 상당히 좋아했다. 그 남학생이 제일 좋아하는 축구팀은 영국 프리미어리그의 맨체스터 유나이티드였다. 쉽게 줄여서 맨유를 상당히 좋아했다.
그 남학생은 맨유를 너무 좋아해서 주말이 되면 맨유 경기를 라이브로 시청했다. 그런데 한 가지 문제가 있었다. 왜냐하면, 영국 축구는 주로 새벽 늦은 시간에 했기 때문에 그 남학생은 늦은 새벽까지 잠을 자지 않고 기다렸다가 맨유 경기를 보고 잠을 잤다.

그렇게 하다 보니 그 남학생은 매주 예배 시간에 지각하는 것은 기본이고, 설교 시간엔 항상 눈을 감고 졸고 있었다. 그래도 그 남학생은 예수님을 향한 믿음은 있었다. 수련회 때 예수님을 인격적으로 만나서 예배가 중요하다는 것을 누구보다 잘 알고 있었다. 그런데도 그 남학생에게 맨유가 없는 삶은 상상조차 할 수 없었던 것이다.

그 남학생은 유일한 즐거움이 주말 늦은 저녁이나 새벽에 맨유 경기를 보는 것이라고 했다. 그러면서 맨유 경기를 보지 못하면 마음이 우울해져 견딜 수 없다고 했다. 가뜩이나 한 주 동안 학교에서 긴 시간을 보내야 해서 힘들게 살아야 하는데, 주말에 맨유 축구 경기만큼은 포기할 수 없다는 것이었다. 한 번은 그 남학생과 이런 대화를 나눈 적이 있었다.

나: ○○아, 맨유가 그렇게 좋아?
남학생: 당연하죠. 목사님. 맨유 경기 보는 게 저의 유일한 삶의 낙이에요.
나: 너, 정말 맨유를 좋아하는구나.
남학생: 네. 목사님, 이번 주는 맨유가 꼭 이겼으면 좋겠어요.
나: 목사님은 맨유가 이기든 지든 네가 지각하지 않고 예배 잘 참석했으면 좋겠다.
남학생: (민망해하며) 아…. 목사님. 지각 안 할게요.

그 남학생은 맨유 경기를 보는 게 삶의 유일한 즐거움이라고 말했다. 그리고 그 남학생은 자신의 이런 모습이 하나님 앞에 문제가 전혀 되지 않는다고 생각했다. 오히려 건전한 운동인 축구를 좋아하는 게 신앙생활을 하는 데 도움이 된다고 생각했다.

그런데 그랬던 남학생이 생각을 달리하게 된 사건이 있었다. 제자훈련을 하면서 우상 숭배가 무슨 뜻인지 듣고 금요철야 때 기도하다가 자신이 맨유를 우상처럼 생각하고 있다는 걸 깨달았다.

그 남학생은 자신이 하나님보다 맨유를 더 사랑하고 아끼고 있다는 것을 깨닫고 심각하게 고민했다. 그 남학생은 고민 끝에 주말에 맨유 경기 보는 것을 내려놓았다. 그리고 예배 시간을 지키기 위해 최선을 다했다.

나는 남학생을 통해 하고 싶은 말이 있다. 우상은 다른 신을 섬기고 절하는 것만이 전부가 아니다. 예수님보다 더 사랑하고 아끼는 것이 바로 우상 숭배라는 걸 기억해야 한다. 우리의 삶에 예수님보다 더 앞서는 것, 예수님보다 더 사랑하는 것, 예수님보다 더 소중하게 여기는 것이 바로 우상이 될 수 있음을 명심해야 한다.

당연히 축구 자체는 우상이 될 수 없다. 축구는 건전한 운동이고 건강과 교제를 목적으로도 좋은 운동이다. 그렇지만 축구가 하나님을 앞설 때 우상이 될 수 있다.

하나님을 예배하는 시간이 축구로 인해 뒷전이 되고,
하나님께 기도하는 시간이 축구로 인해 미뤄지고,
하나님의 말씀 읽는 시간이 축구로 인해 사라진다면,
축구는 하나님 앞에 지독한 우상이 되어 하나님과 나 사이를 가로막을 것이다.

나는 우리 모두에게 이 말을 꼭 해 주고 싶다.

"우상과 하나님은 동시에 같이 섬길 수 없다."

다시 한번 더 말한다. 유혹을 이겨 내려면 우리에게 단호한 결단이 필요하다. 하나님과 함께 죄의 유혹에 맞서 싸우겠다는 단호한 결단 말이다. 성경에서는 피 흘리기까지 죄와 싸우라고 한다(히 12:4).

우리는 정말 최선을 다해 죄의 유혹과 맞서 싸우고 있는가?
아니면 '어쩔 수 없지'라고 생각하며 죄의 유혹에 무너지고 있지는 않은가?

우리가 크리스천이라면 죄의 유혹과 담대히 싸워야 한다.
"나는 연약하기 때문에 어쩔 수 없이 죄를 지을 수밖에 없습니다"라고 말하는 게 하나님 앞에서 핑계가 될 수 없다는 사실을 명심해야 한다.

우리는 연약하지만 그렇다고 싸우기를 포기해서는 안 된다. 우리는 죄의 유혹과 싸워야 하며 당당하게 맞서야 한다. 죄의 유혹과 맞서는 과정에서 죄의 유혹이 달콤해서 견디기 힘들지도 모른다.

그래도 그 순간을 참아내자. 너무 힘들면 유혹을 받는 자리를 아예 피해 버리자. 만약 우리가 죄와 싸우기를 포기했다면 하나님의 자녀로서 바른 모습이 아님을 기억하자. 하나님은 죄의 유혹과 담대히 맞서 싸우는 사람에게 이길 힘을 주신다.

6. 우리가 유혹에 빠지는 건 하나님을 가볍게 생각하기 때문이다!

한 번은 고등부에서 친했던 두 여학생이 서로 심하게 싸웠던 적이 있다. 두 여학생은 초등학교 때부터 같은 교회를 다니며 항상 붙어 다니는 단짝이었다. 그랬던 두 여학생은 심하게 싸워서 서로 말도 하지 않고, 아는 척도 하지 않았다.

나는 두 여학생을 한 명씩 따로 만나서 무슨 일이 있는지 물어보았다. 그러자 두 여학생은 서로의 입장을 이야기했다. 먼저 여학생 한 명은 자신의 친구가 자기를 무시한다고 생각했다. 고등부에 새롭게 올라오고 난 후부터 친구가 자신과 함께 다니지 않고, 선배들과 친하게 지낸다고 했다.

주일예배를 마치면 여학생은 그 친구와 늘 함께 다녔는데, 고등부에 올라오자 친구가 자기와 어울리는 시간보다 선배들과 놀러 다니는 시간이 더 많아져 화가 난다고 말했다. 그리고 여학생이 친구와 싸웠던 결정적인 이유가 있었다.

얼마 전에 여학생이 몰랐던 친구의 이야기를 다른 선배로부터 듣게 되었는데 그 사실이 너무 서운하다고 말했다. 평소에 무슨 일이 있으면 전화해서 함께 고민을 나누며 이야기를 많이 했는데, 정작 다른 사람으로부터 내가 몰랐던 친구의 이야기를 들으니 서운했던 것이다.

그 이후 여학생은 주일 고등부 예배가 끝나고 친구와 함께 떡볶이를 먹으러 가려고 했는데, 친구가 선배들과 약속이 있다면서 오늘은 따로 먹겠다고 말했다. 그 말을 들은 여학생은 순간 화가 나서 친구에게 요즘 너무 서운하다면서 네가 나를 무시하는 것 같다고 말한 뒤 집으로 돌아왔다고 했다.

나는 여학생을 위로한 뒤 나중에 다른 여학생도 만났다. 그 여학생은 나에게 자신은 친구를 전혀 무시하지 않았다며, 자신의 사정을 이야기했다. 고등부에 올라오니 어렸을 때부터 친했던 언니가 한 명 있었는데, 그 언니가 고등부 첫 예배가 끝난 뒤 밥을 사 준다고 했다.

여학생은 친구도 데리고 가고 싶었지만, 언니가 사 주는 거라서 함께 가지 못했다고 했다. 그 여학생은 선배 언니와 밥을 먹은 이후로 부쩍 친해져 자주 연락도 주고받았으며, 종종 언니와 함께 카페를 가기도 했다.

그 여학생은 그럴 때마다 친구가 마음에 걸렸지만 다른 친구들도 있었기 때문에 괜찮을 거라고 생각했다. 여학생은 나중에 친구에게도 선배 언니를 소개해 줘서 다 함께 친해지고 싶었다.

그 후에 주일예배가 끝나고 선배 언니가 오늘 선배들과 밥 먹으러 가는데 소개해 주고 싶다며 함께 가자고 말했다. 여학생은 알겠다고 말하고 친구에게 가서 약속이 있으니 오늘 먼저 간다고 말했다. 그러자 그 말을 들은 친구가 서운하다며 자신을 무시하는 것 같다고 말해서 당황했다고 한다.

　나중에 친구의 마음을 풀어 주기 위해 전화도 했지만 전화를 받지도 않고 문자도 보지 않는다며 답답하다고 했다. 선배 언니와 노는 게 재미있어서 자주 만났는데, 정작 친구의 마음을 헤아리지 못했다며 미안해했다.

　나는 다른 여학생을 다시 만나서 친구의 입장을 이야기해 주었고, 서로 만나서 대화해 보라고 권유했다. 이후 두 여학생은 만나서 서로의 입장에 대해 이야기했고, 다시금 관계를 회복할 수 있었다. 나는 두 여학생의 이야기를 통해 묻고 싶은 질문이 한 가지 있다.

　우리는 현재 하나님과의 관계가 어떤가?

　우리에게 가장 중요한 것이 한 가지 있다면 바로 하나님과의 관계이다. 우리는 하나님과의 깊은 관계를 통해 세상의 유혹을 이겨 내며 담대하게 믿음의 자녀로 살아갈 수 있다.

　만약 우리가 하나님과의 관계를 소홀히 하고 하나님을 무시한다면 더 이상 믿음으로 살지 못할 뿐만 아니라 세상의 유혹에도 속수무책으로 당할 수밖에 없다. 하나님과의 관계를 소홀히 하는 것은 하나님을 가볍게 생각하는 것이며 하나님을 가볍게 생각하는 것만큼 어리석은 게 없다.

우리가 유혹에 빠지는 가장 큰 이유 중 하나는 바로 하나님을 가볍게 생각하기 때문이다. 하나님을 가볍게 생각하면 죄의 유혹에 쉽게 빠져든다. 그것은 하나님을 무시하는 것이다. 하나님을 무시하는 사람은 하나님의 임재를 경험할 수 없고, 하나님의 마음을 알 수도 없다.

나는 우리 모두가 하나님을 가볍게 생각하지 않는 사람이 되길 바란다. 하나님과의 관계가 우리에게 있어서 최고 1순위임을 기억하자.

제 5 장

학교에서 어떻게 살아가고 있어?

여러분은 학교에서 어떻게 살아가고 있습니까?

학교는 작은 세상입니다. 우리는 학교에서 예수님을 믿지 않는 친구들과 함께 살아가고 있습니다. 학교생활을 할 때 공부를 열심히 하는 것도 중요하지만, 더 중요한 게 한 가지 있습니다. 바로 여러분이 학교에서도 크리스천이라는 사실입니다.

그렇다면, 여러분은 학교에서 크리스천으로 어떻게 살아가고 있습니까?

"목사님, 국어 3등급 받은 게 오히려 더 기뻐요!"

내가 지도하던 남학생이 한 명 있었는데, 그 남학생이 제자 훈련 때 학교에서 있었던 일을 말해 주었다. 그 남학생은 고등학교에 올라와서 처음으로 국어 2등급을 받았다가 1점이 깎여 3등급으로 내려갔다고 말했다.

그 남학생의 국어 성적은 왜 2등급에서 1점이 깎여 3등급으로 내려갔을까?

이유가 있었다. 학교에서 국어 수행평가가 있었는데 책을 읽고 감상문을 적어 내는 거였다고 한다. 남학생이 배우는 교과서 뒤쪽에 여러 책의 줄거리가 나와 있었는데, 반에 많은 친구는 교과서 뒤에 나와 있는 책 줄거리를 보고 감상문을 적었다.

남학생도 다른 친구들처럼 책을 직접 읽지 않고 교과서 뒤에 있는 책 줄거리 중 하나를 택해서 그걸 보고 감상문을 적었다. 며칠 뒤에 국어 시간에 선생님이 이렇게 말했다.

"너희들 감상문 적은 거 보니까 뒤에 책 줄거리 보고 적은 애들 많던데. 선생님은 줄거리 내용 다 알고 있어. 줄거리 보고 적은 애들은 수행평가 감점 처리 다 해 놨으니까 그렇게 알고 있어. 다음부터는 편법 쓰면 안 돼. 알겠지?"

선생님은 책 뒤에 줄거리 내용을 이미 다 알고 계셨던 것이다. 그 남학생은 자신도 책을 보고 적었기 때문에 어느 정도 감점이 됐을 거라고 생각했다. 며칠 뒤에 국어 수행평가 점수가 나왔는데, 남학생은 점수를 보고 깜짝 놀랐다. 왜냐하면, 수행평가에서 만점을 받았기 때문이다.

남학생은 수행평가 만점으로 인해, 고등학교에 올라와 처음으로 국어 2등급을 받았다. 그 남학생은 국어 2등급을 받고 처음에는 마음이 날아갈 듯 기뻤다. 그런데 시간이 지날수록 남학생의 마음이 조금씩 괴로워졌다. 왜냐하면, 자기도 교과서 뒤에 있는 책 줄거리를 보고 수행평가를 했기 때문이다.

그래도 그 남학생은 선생님께 걸리지 않았기 때문에 자기가 그대로 입을 닫고 있으면 수행평가 만점에 국어 2등급으로 마칠 수 있었다. 그러나 그 남학생은 며칠을 고민하다 선생님을 찾아가서 솔직하게 말했다. 자기도 줄거리만 보고 감상문을 적었다고 말이다. 그러자 선생님이 놀라며 이렇게 말했다.

"네 감상문은 선생님이 읽어 봤는데 줄거리를 보고 적은 것 같지 않던데. 그래도 네가 줄거리를 봤다고 솔직하게 말했으니 참 대견하구나. 안타깝지만 줄거리만 보고 적었으니 감점은 있을 거야."

그 남학생은 나중에 국어 점수를 다시 확인해 보니 수행평가는 10점이 감점되어 있었고, 최종 점수 1점 차이로 국어가 2등급에서 3등급으로 내려가 있었다. 남학생은 좀 아쉽긴 했지만 다른 한편으로 마음이 기뻤다. 그리고 하나님 앞에서 정직할 수 있어서 감사하다고 말했다.

나는 남학생을 통해 말하고 싶은 게 한 가지 있다.
믿음으로 산다는 게 바로 이런 거 아닐까?
내 실수를 깨달았으면 솔직하게 인정할 수 있는 용기 말이다.
그렇다면, 우리는 왜 이렇게까지 정직해야 할까?
왜냐하면, 우리는 크리스천이기 때문이다.

거짓말을 하면서 남을 속이는 행위는 하나님이 보실 때 죄임을 알아야 한다. 예수님을 모시고 살아가는 사람들은 교회에서도, 집에서도, 학교에서도 언제나 정직하게 살아가야 한다.
우리가 하나님 앞에서 정직할 때 하나님은 그 사람을 주목하신다.

2 "교회가 너희한테 밥 먹여 주니? 정신 좀 차려!"

어느 날 두 여학생이 나에게 할 말이 있다면서 찾아온 적이 있다. 두 여학생은 자기들이 큰 결심을 했다면서 이렇게 말했다.

여학생 1, 2: 목사님, 저희 드릴 말씀이 있어요.
나: 그래, 무슨 일이야?
여학생 1, 2: 목사님, 저희 이번에 서울에 모의시험 치러 안 갈 거예요.
나: 그게 무슨 말이야, 중요한 시험이라며?
여학생 1: 네, 중요하긴 한데요. 시험이 주일이거든요. 모의시험 치면 예배 참석이 힘들어요. 저희 둘이 예배 참석할 거예요.
나: 우와, 둘 다 많이 고민했을 텐데. 중요한 결정을 내렸구나.
여학생 2: 네, 목사님. 저희 위해서 기도해 주세요.
나: 그래, 기도할게.

당시 두 여학생은 모두 체육학과를 목표로 공부하고 있었다. 두 여학생은 1년에 딱 한 번 체육학과를 지원하는 학생들이 한곳에 모여서 모의시험을 친다고 말했다. 모의시험은 두 여학생에게 상당히 중요했다.

먼저 입시 시험을 치러 가기 전에 모의시험을 치면서 내가 어떤 운동 과목이 강하고 약한지 알 수 있었다. 그뿐만이 아니었다. 모의시험을 치면서 현재 내 실기 점수가 전국에서 어느 정도 되는지 가늠할 수 있는 아주 중요한 자료를 얻을 수 있었다. 그런데 두 여학생이 모의시험을 치러 가지 않겠다고 결심했다.

이유가 뭐냐고 물어보니 두 여학생은 모의시험을 치는 시간이 주일이라고 가지 않겠다고 말했다. 모의시험을 치면 서울까지 시험을 치러 새벽부터 출발해야 했다.

오후 늦게까지 모의시험을 치면 저녁 늦게 집에 도착해서 예배를 드릴 수 없었다. 그래서 두 여학생은 모의시험을 포기하기로 결정했던 것이다.

우리는 두 여학생의 결정을 어떤 시선으로 바라봐야 할까?

내 진로를 먼저 생각하면 시험을 치러 가는 게 당연히 맞아 보인다. 그런데 믿음의 눈으로 하나님을 먼저 바라보면 시험을 치러 가는 것이 정답이 아닐 수 있다. 두 여학생은 모의시험이 하나님 앞에 드리는 예배보다 앞설 수 없다는 결론을 내렸다.

두 여학생이 교회에 가야 해서 모의시험을 치러 가지 못한다고 하니 학원 선생님이 화를 내면서 이렇게 말했다고 한다.

"야. 교회가 너희들 밥 먹여 주니?

너희 인생이야."

"하나님이 너희 인생을 어떻게 책임져 줄 건데?

너희 이제 고3이야.

정신 차려!"

학원 선생님의 말을 어떻게 생각하는가?
학원 선생님의 말이 맞는 걸까?
아니면, 두 여학생의 결정이 정답일까?

당연히 믿음의 눈으로 하나님을 바라보지 않는다면 학원 선생님처럼 두 여학생의 결정을 이해하지 못할 것이다. 그러나 믿음의 눈으로 하나님을 바라보며 살아가는 사람들은 두 여학생의 결정이 멋지다고 말할 거라고 확신한다.

나는 두 여학생을 통해 말해 주고 싶은 것이 있다. 앞으로 내 삶의 첫 번째가 하나님이 되었으면 좋겠다. 하나님은 오늘도 믿음의 눈으로 하나님을 먼저 바라보는 사람을 찾고 계신다.

우리의 선택에 의해 하나님을 좌지우지하려는 신앙이 아니라 어떤 상황에서도 하나님이 우리의 1순위가 되는 그런 신앙의 사람으로 살아가길 바란다. 믿음의 눈으로 하나님을 바라보며 귀하게 준비되어 하나님 나라에 쓰임 받는 우리 모두가 되기를 축복한다.

3. 창조론 VS 진화론, 뭐가 옳은 걸까?

주일 예배를 마치고 집으로 가는 아이들과 인사를 하고 있을 때였다. 그때 여학생 한 명이 심각한 표정을 지으면서 나를 찾아왔다. 그 여학생의 표정을 보니까 정말 큰일이 일어난 것 같았다. 나는 그 여학생에게 말했다.

나: 너 무슨 일 있니?
　　얼굴 표정이 왜 그렇게 심각해?
여학생: 목사님, 학교에서 과학 선생님이 토론 배틀을 할 거래요.
나: 토론 배틀? (그게 뭐지?)
여학생: 목사님, 과학 선생님이 갑자기 창조론을 믿는 아이들이 있으면 손을 들어 보라는 거예요. 저는 당연히 창조론을 믿는다고 손을 들었어요. 그런데 손을 든 사람이 저밖에 없었어요.
나: 그래?
　　교회를 다니는 학생이 너 혼자였다고?
여학생: 네. 목사님. 근데 너무 황당한 게 뭔 줄 아세요?
　　선생님이 다음 수업 시간까지 창조론을 믿는 아이들과 진화론을 믿는 아이들끼리 토론 배틀을 할 거래요.
　　목사님, 어떻게 이럴 수 있죠?
　　창조론을 믿는 사람이 저밖에 없는데, 토론 배틀을 잘할 수 있을지 걱정돼요.
나: 음…. 네가 정말 걱정이 많겠구나.

여학생: 목사님, 그런데 더 화가 나는 게 뭔지 아세요?

나: 뭐야, 거기서 끝난 게 아니었어?

여학생: 네. 목사님, 저희 반에 저 말고도 교회를 다니는 친구들이 꽤 있어요. 그런데 그 친구들은 손을 안 들더라고요. 그래서 화가 많이 났어요.

나: 아…. 그랬구나. 네가 많이 속상했겠네.

여학생이 심각한 표정으로 나를 찾아왔던 이유는 토론 배틀 때문이었다. 과학 선생님이 과제를 내주셨는데, 창조론과 진화론과의 토론 배틀이 있을 예정이니 공부해 오라고 하셨다. 그런데 더 심각한 건 창조론을 믿는다고 손을 든 사람은 여학생 한 명밖에 없었다.

그 여학생은 처음엔 당황했다가 점점 화가 났다. 왜냐하면, 여학생 반에 교회를 다니고 있는 친구들이 있었는데, 그 친구들은 창조론을 믿는다고 손을 들지 않았기 때문이다. 그 여학생은 수업이 끝난 후 교회를 다니면서도 손을 들지 않았던 친구 한 명을 찾아갔다. 그리고 이렇게 말했다.

여학생: 나, 궁금한 게 하나 있는데 너 교회 다니고 있지 않아?

친구: 응, 교회 다니고 있어.

여학생: 그럼, 아까 선생님이 창조론을 믿는 친구들 손 들라고 했을 때 너는 왜 안 든 거야?

친구: 아~ 그거?
나 아까 일부러 손 안 들었어.

여학생: (놀라며) 일부러 안 들었다고?

친구: 응, 나도 너처럼 교회 다니고 창조론을 믿지. 근데 이럴 때는 그냥 넘어가고 싶더라. 학교에서까지 종교 때문에 내가 손해 보고 싶진 않거든.

여학생: (실망하며) 아…. 그랬구나.

그 친구는 왜 교회를 다니고 있음에도 창조론을 믿는다고 손을 들지 않았던 걸까?

왜냐하면, 피해 가고 싶었기 때문이다. 무슨 말이냐면 창조론을 믿는다고 손을 들면 자기가 불리할 게 눈에 보이니까 피해 가고 싶었던 것이다. 그래서 교회를 다니고 있음에도 손을 일부러 들지 않았다.

그렇다면, 그 친구의 모습이 과연 하나님 앞에서 바른 신앙의 모습일까?

나는 당당하게 그렇지 않다고 말해 주고 싶다. 왜냐하면, 우리는 교회에서만 신앙을 지키며 살아가는 사람이 아니기 때문이다.

우리는 교회뿐만 아니라 학교와 집, 학원이나 버스, 지하철 안에서도, 심지어 길거리를 걸어갈 때에도 하나님의 자녀라는 사실을 잊지 말아야 한다. 즉, 우리에겐 어떤 상황 속에서도 내가 하나님의 자녀라는 확실한 정체성이 있어야 한다.

정체성이란 말은 곧 내가 누구인지를 안다는 것이다. 우리에게 믿음의 정체성이 없으면 유혹에 흔들리게 되어 있다. 반대로 정체성이 있으면 어떤 유혹에도 흔들리지 않는다. 내가 누구인지를 알면 흔들릴 수 없다.

기억하자.
내가 어디서든지 하나님의 자녀라는 사실을 말이다.

나는 우리 모두가 학교에서 당당하게 하나님의 자녀라는 걸 밝혔으면 좋겠다. 예수님 믿는 것을 부끄럽게 생각하지 말자. 손해 본다고도 생각하지 말자. 당당하게 크리스천임을 밝히자.

4   너희는 하나님 앞에서 정직하니?

나는 중학교 시절, 영어 시간에 있었던 일을 아직도 생생하게 기억하고 있다. 그때 나를 가르치던 선생님은 내가 다니던 중학교의 4대 천왕 중 한 명이었다. 쉽게 말해서 상당히 무서운 선생님이셨다.

그 선생님은 교회를 다니셨다. 그 선생님이 교회 다닌다는 소리를 처음 들었을 때 깜짝 놀랐던 기억이 있다. 바늘로 찔러도 피 한 방울 안 나올 것 같은 선생님이 교회를 다니신다니 믿기지 않았다.

그러다가 수업 중에 영어 선생님이 내가 교회 다니는 것을 알게 되셨다. 선생님은 내가 교회 다니는 걸 좋게 보셨는지 수업 시간에 나를 자주 부르시곤 했다. 한 번은 수업이 마칠 때쯤 선생님이 나에게 충격적인 말씀을 하셨다.

"맥아, 너 다음 시간에 찬송 한 곡 준비해서 와라."

아니, 찬송 한 곡을 준비하라니.
이게 무슨 말인가!
아이들 앞에서 가요도 아니고 찬양이라니…. 과연 내가 잘할 수 있을지 확신이 서지 않았다. 그래도 열심히 연습했다. 왜냐하면, 세상 친구들 앞에서 찬송을 부른다는 쪽팔림보다 선생님을 향한 무서움이 훨씬 더 컸기 때문이었다.

그래서 부끄러움을 느낄 여유조차 없을 정도로 열심히 찬송을 불렀다. 영어 선생님은 내가 세상 친구들 앞에서 당당하게 찬송을 부르던 모습을 흐뭇하게 쳐다보셨다. 그 일이 있고 며칠 뒤에 한 가지 일이 일어났다. 영어 선생님은 매번 수업 시간이 끝날 때쯤 예습을 위해 숙제를 내주셨다. 그렇다고 매번 검사를 하진 않으셨다.

며칠 뒤 영어 시간이 되었을 때, 그때도 당연히 숙제 검사를 하지 않을 거라고 생각했다. 그런데 그날, 영어 선생님은 이렇게 말씀하셨다.

선생님: 자~. 오늘 숙제 안 한 사람 있냐?
학생들: … (조용)
선생님: 기회 줄 때 자진 신고하자. 안 한 사람은 앞으로 나오도록!
학생들: … (눈치 보다가 하나둘씩 나옴)
나: (속으로) 어떻게 하지? 숙제 안 했는데…. 에이, 검사도 안 하는데 그냥 앉아 있자.
선생님: 오늘 숙제 검사한다. 다 공책 펴라.
나: (속으로) 아! 큰일 났다….

여느 때와 마찬가지로 영어 선생님은 수업 전에 숙제를 했냐며 학생들에게 물어보셨다. 그리고 숙제를 하지 않은 친구들은 앞으로 나오라고 하셨다. 선생님은 평소에 겁만 주고 숙제 검사를 하지 않으셨기에 난 조금 고민하다가 나가지 않고 자리에 앉아 있었다.

그런데 갑자기 선생님이 숙제 검사를 한다면서 공책을 다 책상 위에 올려 놓으라고 하시는 게 아닌가!

선생님은 친구들 공책 검사를 하면서 내가 있는 곳으로 천천히 걸어오셨다. 그때 나는 심장이 터질 정도로 심하게 뛰었다. 드디어 선생님은 내가 앉아 있는 곳까지 오셨다. 그러고는 내 공책을 유심히 살펴보셨다.

선생님은 내 공책에 숙제가 되어 있지 않은 것을 확인한 후 가지고 있던 영어 교과서로 내 머리를 내리치면서 이렇게 말씀하셨다.

"넌, 교회 다니는 녀석이 거짓말을 하냐. 네가 더 나쁜 녀석이다."

그 당시 나는 영어 선생님한테 책으로 맞은 아픔보다 영어 선생님이 나에게 했던 말이 가슴에 비수가 되어서 아직까지 기억에 선명하게 남아 있다. 내가 중학교 시절에 겪은 창피했던 모습을 이야기하면서까지 꼭 해 주고 싶은 말이 있다.

하나님은 이미 우리의 모든 마음을 알고 계신다. 왜냐하면, 하나님은 사람의 외모를 보지 않고 중심을 보는 분이시기 때문이다.

하나님을 속이려고 해서는 안 된다. 오히려 우리의 연약함을 하나님 앞에 드러내고 하나님을 의지해야 한다. 잠깐 눈앞의 이익을 위해서 하나님을 속이려고 하지 말자. 하나님 앞에서 정직하게 지내자. 그리고 사람 앞에서도 정직하게 지내자. 하나님은 정직한 사람을 주목하신다.

5 "농구보다 예배가 더 중요해요"

하루는 남학생 한 명이 나를 찾아왔다. 그 남학생은 학교에서 있었던 일을 말해 주었다.

남학생: 목사님, 저 드릴 말씀이 있어요.
나: 응, 말해 봐.
남학생: 제가 학교에서 농구부 주장이잖아요. 이번 주일에 시합이 잡혔어요.
나: 아~ 그래?
남학생: 그런데 저 이번에 안 나가기로 했어요. 농구도 하고 싶지만 주일을 지키려고요.
나: 아~ 그랬구나. 네가 힘든 결정을 내렸네.
남학생: 아니에요, 목사님. 당연한 건데요.
나: 그래, 멋진 선택했어.
남학생: 네, 감사합니다. 목사님.

그 남학생은 학교에서 농구부 동아리 주장이었다. 매년 시에서 고등학교들이 모여서 농구대회를 했는데, 그 남학생은 1학년 때 몸이 아파서 대회에 나가지 못했다. 2학년 때는 꼭 시합에 나가겠다고 벼르고 있었다. 그런데 그 해 농구 시합이 토요일이 아니라 주일로 잡혔다.

그 남학생은 주일에 시합이 잡혔다는 소식을 들었을 때 처음에는 당연히 농구 시합을 나가려고 생각했다. 1학년 때 아파서 나가지 못했는데 2학년 때만큼은 농구 시합에 나가고 싶었던 것이다. 그런데 시간이 지날수록 남학생의 마음 안에 이런 생각이 들었다고 한다.

'주일예배를 지키지 않으면서까지 꼭 농구 시합을 나가야 하는 걸까?'

그 남학생은 고민 끝에 주일에 농구 시합을 나가지 않기로 결정했다. 그리고 농구부 선생님께 가서 주일에는 예배드려야 하기 때문에 나갈 수 없다고 말했다. 그러자 선생님은 화를 내며 교회는 매주 나가는 거니까 이번에는 농구 시합에 나가야 한다고 말했다고 한다.

그 남학생은 농구대회에 나갔을까?
그 남학생은 농구대회에 나가지 않고 교회에서 예배를 드렸다. 나는 그 남학생의 모습을 통해 하고 싶은 말이 있다.
학교는 세상이다. 하나님을 모르는 사람들 속에서 살아가야 하는 곳이 바로 학교다. 우리는 학교에서 두 가지 선택을 할 수 있다.

하나는 하나님을 모르는 세상 친구들처럼 나도 하나님을 외면하고 사는 것이다. 다른 하나는 학교에서도 하나님이 나의 왕이심을 인정하며 하나님 앞에서 살아가는 것이다. 나는 우리 모두가 학교에서도 하나님과 동행하며 살아가는 사람이 되었으면 좋겠다.

학교에서도 하나님께서 나에게 무엇을 원하시는지 항상 생각하며 지냈으면 좋겠다. 학교에서도 여전히 하나님이 나를 주목하고 계시다는 사실을 잊지 말자. 우리가 지금 공부하는 것도 중요하지만 공부보다 더 중요한 게 있다. 바로 지금부터 세상 속에서 믿음의 자녀로 살아가는 것이다.

> "목사님, 고등학교는 특수한 환경이잖아요.
> 이 시기만큼은 공부에 더 집중해도 되지 않나요?"

당연히 그렇게 말할 수 있다. 공부가 무엇보다 중요한 시기이니 말이다. 그러나 우리는 기억해야 한다. 공부는 하나님께 쓰임 받기 위해 우리가 열심히 해야 할 수단이지 목적이 될 수 없다는 걸 말이다.

우리는 하나님께 쓰임 받기 위해 최선을 다해 공부해야 한다. 그렇다고 해서 공부가 하나님을 대신할 수는 없다. 우리는 믿음의 선택을 해야 할 때 때로는 손해를 볼 수도 있고 피해를 받을 수도 있다. 그럼에도 믿음의 자녀라면 감사함으로 하나님이 원하시는 길을 걸어가야 한다.

제6장

우리는 어떻게 믿음의 삶을 살아야 할까?

우리는 왜 믿음의 삶을 살아야 하는 걸까요?
이유가 있습니다. 왜냐하면, 하나님께서 우리에게 명령하셨기 때문입니다.

그렇다면, 하나님은 왜 우리에게 믿음의 삶을 살라고 말씀하셨을까요?
왜냐하면, 하나님과 함께하는 믿음의 삶이 우리에게 가장 복된 삶이기 때문입니다.

지금부터 우리가 어떻게 믿음의 삶을 살아야야 하는지 함께 살펴봅시다.

1 내 뜻과 하나님 뜻은 어떻게 구별할 수 있을까?

몇 년 전에 모 방송에서 〈주먹이 운다〉라는 프로그램을 방영한 적이 있다. 이 프로그램은 격투기에 관심 있는 일반인들이 참여하는 리얼 격투 프로그램이었다. 진행 방식은 프로 격투기 선수와 스파링을 해서 3분을 버티면 통과하는 시스템이었다.

많은 일반인이 격투기 오디션에 참가했다. 온몸에 문신을 한 사람, 태권도 관장, 고등학교 짱, 길거리 싸움을 많이 한 일반인, 산속에서 무술을 연마한 사람 등 다양한 사람이 참가했다.

그중에서도 눈에 띄는 한 사람이 있었는데, 그 사람은 아주 평범한 고등학생이었다. 그 고등학생은 격투기를 전문적으로 배우지는 않았지만 무려 1년 동안 자기 방에서 영상을 보며 혼자서 격투기 훈련을 했다고 말했다.

그 고등학생은 프로 선수와의 대결을 앞두고 인터뷰를 할 때 아주 자신만만한 표정을 짓고 있었다. 그 고등학생은 자신이 지금까지 열심히 훈련한 결과를 보여 주겠다고 자신 있게 말했다.

나는 그 고등학생이 어떤 격투기 실력을 보여 줄지 상당히 궁금했다. 드디어 고등학생과 프로 격투기 선수와의 스파링이 시작됐다.

경기는 과연 어떻게 됐을까?

경기는 싱겁게 끝나 버렸다. 그 고등학생은 1분 동안 격투기 선수에게 얻어맞기만 하다가 심판이 말려서 경기가 끝나 버렸던 것이다.

그러면, 어떻게 해야 격투기를 잘할 수 있을까?

격투기를 잘하려면 체육관에 가서 체계적으로 훈련을 하면서 어떻게 주먹을 내는지, 발차기는 어떻게 하는지 배워야 한다. 그리고 그런 동작들이 몸에 익을 때까지 계속해서 연습해야 한다. 그런데 그 고등학생은 혼자서 열심히 연습하면 프로 격투기 선수만큼 잘할 수 있다고 착각했던 것이다.

나는 이 이야기를 통해 말해 주고 싶은 게 있다. 우리도 신앙생활을 하다 보면 스스로 착각하고 오해할 때가 많이 있다. 나는 하나님을 위해 이렇게 순종하면 된다고 생각했는데, 정작 하나님께서 원하시는 건 그게 아닐 수 있다는 것이다.

우리는 무엇인가를 할 때 제일 먼저 우리 스스로에게 이런 질문을 할 수 있어야 한다.

"하나님께서 기뻐하실까?"
"하나님께서 어떻게 생각하실까?"
"하나님의 마음은 어떠실까?"

우리는 항상 하나님께서 어떻게 생각하실지 고민하며 행동하는 사람들이어야 한다. 우리에게 문제가 생겼을 때 하나님을 전혀 생각하지 않고, 하나님의 뜻과는 반대되는 인간적인 방법으로 문제를 해결하려고 하면 오히려 더 큰 혼란과 죄악에 빠질 수 있다.

그리고 문제가 생겼을 때 하나님이 원하시지 않는 방법임에도 오히려 하나님께 기도했으니 괜찮다고 말하면서 밀어붙이는 건 옳지 못한 행동이 될 수 있다.

그렇다면, 우리는 어떻게 해야 할까?

우리는 하나님의 뜻이 어디에 있는지 말씀을 살펴보면서 고민하며 기도해야 한다. 하나님의 말씀을 내 삶의 우선순위로 두고 그 말씀을 따라가야 한다. 아무리 좋아 보이는 방법이더라도 하나님께서 원하시는 것이 아니라면 내려놓아야 한다. 반대로 아무리 어렵다고 할지라도 하나님께서 원하는 길이라면 그 길을 따라가야 한다. 꼭 기억하자.

몸이 좋아지려면 과식하지 마세요!

종종 운동에 관심이 많은 학생들이 나에게 묻는 것이 있다.

"목사님, 어떻게 하면 몸이 좋아질 수 있어요?"

나는 이런 질문을 받을 때마다 아이들에게 바른 자세를 배워서 꾸준히 운동해야 한다고 말한다. 실제로 근육이 잘 나오려면 바른 자세가 제일 중요하다. 바른 자세로 운동하지 않으면 부상을 당할 수 있기 때문이다. 바른 자세를 정확하게 배워서 꾸준히 연마해야 조금씩 팔에 근육이 생기고 등과 어깨도 조금씩 넓어진다.

여기서 중요한 것이 한 가지 있다. 운동을 열심히 한다고 해서 마냥 몸이 좋아지는 건 아니라는 것이다. 몸이 좋아지려면 하지 말아야 하는 것도 있다.

바로 과식이다. 내가 아무리 운동을 열심히 해도 과식을 즐겨 하면 몸이 좋아질 수 없다. 특히, 자기 전에 라면을 끓여 먹는다거나 치킨을 시켜 먹는다면 그 순간은 맛있을지 몰라도 우리 몸은 점점 망가져 간다. 그래서 우리는 운동을 열심히 하는 것도 중요하지만 반대로 음식을 과하게 먹는 것도 피해야 한다.

내가 몸이 좋아지는 방법을 말하는 이유가 있다. 우리는 몸을 건강하게 만들 듯이 우리의 영혼도 건강하게 만들어야 하기 때문이다.

그럼 우리의 영혼을 건강하게 하려면 어떻게 해야 할까?
간단하다. 영혼을 건강하게 하는 운동을 하면 된다.

그럼 우리의 영혼을 건강하게 만드는 운동은 뭘까?
바로 기도와 말씀이다. 우리가 하나님 앞에 기도와 말씀으로 나아갈 때 하나님께서 우리에게 은혜를 주신다. 그렇기에 우리는 기도와 말씀 읽는 시간을 따로 정해야 한다.

정한 시간은 어떤 일이 있어도 지켜야 한다. 기도와 말씀을 통해 하나님과 1:1로 만나는 시간을 매일 가져야 한다. 그러면 운동을 해서 몸이 건강해지듯이 우리의 영혼도 건강해진다. 그뿐만 아니라 유혹에도 쉽게 넘어가지 않고, 하나님의 뜻도 바르게 알 수 있게 된다.
그런데 여기서 끝이 아니다. 몸의 건강을 위해 과식을 피하듯이 우리의 영혼을 건강하게 하기 위해 피해야 할 것들이 있다.

그럼, 우리가 영혼의 건강을 위해 피해야 할 것들은 뭘까?
바로 하나님보다 더 의지하고 사랑하는 것들이 있다면 반드시 피해야 한다.

우상이 무슨 뜻인지 기억나는가?
우상은 아주 넓은 의미를 지니고 있다. 바로 하나님보다 더 아끼고 사랑하는 게 우상이라고 할 수 있다.
현재 우리에게 하나님보다 더 사랑하고 아끼는 게 있는가?

내가 우상에 빠졌는지, 빠지지 않았는지 알 수 있는 방법이 한 가지 있다. 내가 좋아하고 사랑하는 것으로 인해 하나님을 예배하고 하나님께 나아가는 시간이 방해받고 있다면 그게 우상이 될 수 있음을 명심해야 한다.

혹시, 현재 하나님과 나 사이의 관계를 가로막는 게 있는가? 그렇다면, 그것으로부터 멀어져야 한다. 우리 다 같이 하나님께 정결하게 나아가자. 하나님이 원하시지 않는 우상들로부터 멀어지는 삶을 살자. 우리는 영혼을 건강하게 만들어야 한다. 영혼을 건강하게 하려면 말씀과 기도에 최선을 다해야 하고, 하나님이 원하시지 않는 것들로부터 멀어져야 한다.

3 면접시험 때 너희를 어떻게 소개할 거야?

고 3이 되면 대학교에 입학하기 위해 면접을 준비해야 한다. 면접은 대학교를 들어가는 데 상당히 중요한 시험이다. 아무리 성적이 좋아도 면접을 제대로 보지 못하면 원하는 대학에 입학하지 못할 수 있다. 그래서 많은 고 3 수험생이 면접을 앞두고 열심히 준비한다. 교수님이 어떤 질문을 할지 스스로 질문을 만들어서 혼자 묻고 답하기도 한다.

그렇다면, 면접을 볼 때 가장 중요한 게 뭐라고 생각하는가?
아마도 교수님의 질문에 잘 대답하는 게 중요할 것이다. 그런데 그것보다 더 중요한 게 한 가지 있다. 바로 내가 어떤 사람인지 잘 소개하는 것이다. 즉, 면접에서 내가 어떤 사람인지를 잘 설명해야 한다. 내가 이 대학교, 이 학과에 얼마나 오고 싶은지, 내가 어떤 꿈과 계획을 가지고 있는지 잘 말해야 한다.

실제로 면접 때 있었던 일이다. 남학생 한 명이 고등학교 면접을 앞두고 있었다. 당시 그 고등학교는 새롭게 만들어진 학교였다. 원래는 여고였는데 남녀공학으로 바뀌었다. 당시 그 지역에 남녀공학이 하나도 없었기에 학생들의 반응은 폭발적이었다.

다들 너 나 할 것 없이 남녀공학에 지원했다. 내가 알던 남학생도 그 학교에 지원했다. 그 남학생은 중학교 때 공부를 꽤 잘해서 당연히 합격할 거라고 생각했다. 내신 성적으로만 보면 그 남학생은 면접에서 실수만 하지 않으면 그 학교에 입학할 수 있었다.

그런데 결과는 낙방이었다. 나는 그 남학생이 왜 시험에서 떨어졌는지 의아했다. 시간이 지난 뒤에 그 남학생이 시험에서 떨어진 이유를 알 수 있었다. 그 남학생과 함께 면접을 봤던 친구가 면접 때 있었던 일을 말해 주었다.

면접을 볼 때 선생님이 그 남학생에게 마지막으로 이런 질문을 했다고 한다.

"자네는 우리 학교에 왜 지원했는가?"

그러자 그 학생은 이렇게 대답했다.

"선생님이 가라고 해서 왔는데요."

그 학생은 성적이 괜찮았음에도 안타깝게 떨어지고 말았다. 나는 면접 이야기를 통해 하고 싶은 질문이 있다.
처음 보는 사람에게 나 자신을 소개한다면 뭐라고 말할 것인가?

내가 자기소개에 대해 말하는 이유가 있다.
하나님은 우리에게 자신을 어떤 분이라고 소개하고 계실까?

잠깐 성경을 살펴보면 애굽에서 노예로 고통받는 이스라엘 백성을 구출해 낸 지도자가 있다. 바로 모세다. 모세는 참 기구한 운명을 살았다. 애굽의 왕자로 40년을 살다가 살인을 하고 도망쳐서 미디안 광야에서 양을 치는 목자로 40년을 살았다.

모세가 80살이 되었을 때 하나님께서 모세에게 나타나셔서 애굽으로 가라고 말씀하셨다. 하나님은 모세를 통해 이스라엘 백성을 애굽에서 구원하겠다고 말씀하셨다. 그러자 모세가 하나님께 말했다.

"당신을 누구라고 소개해야 합니까?
아무도 저를 믿지 않을 겁니다."

그러자 하나님은 모세에게 말씀하셨다.

"나는 스스로 있는 자이다."

하나님은 자기 이름을 "스스로 있는 자"(출 3:14) 라고 말씀하셨다. 그렇다면, "스스로 있는 자"라는 이름의 뜻은 무엇일까?

하나님은 세상이 창조되기 전부터 지금까지 스스로 계시는 분으로 세상의 모든 존재의 근원이 되는 분이라는 뜻이다. 하나님은 누군가에 의해 창조된 분이 아니라 세상이 시작되기 전부터 스스로 지금까지 존재하는 분이시다.

하나님은 온 우주의 통치자가 되신다. 하나님이 통치하지 않는 곳이 없고, 하나님의 허락 없이는 일어나는 일도 없으며 하나님이 관계하지 않는 어떤 존재도 세상에 없다.

그 하나님이 언제나 우리와 함께하고 있다는 사실을 잊어서는 안 된다. 기억하자. 하나님은 오늘도 살아 계셔서 우리와 함께하고 계신다.

어렵다고
믿음의 선택을 피해야 하는 건 아니야

몇 년 전에 인상 깊게 봤던 영화가 있다. 바로 〈명량〉이다. 당시 〈명량〉은 대한민국에서 역사상 최고의 관객 수를 기록할 정도로 인기 있는 영화였다. 영화의 주인공은 임진왜란의 영웅이었던 이순신 장군이었다.

영화가 시작되었는데 처음부터 분위기가 심상치 않았다. 그 이유는 조선 수군의 마지막 희망이었던 거북선마저 불타 버렸기 때문이다. 이제 이순신에게 남아 있는 배는 12척밖에 없었다.
도대체 조선 수군에게 어떤 일이 일어났던 것일까?

1592년, 일본이 조선에 침입하면서 임진왜란이 시작됐다. 임진왜란이 시작되고 왜군은 맹렬한 기세로 20일 만에 수도 한양을 함락시켰다. 조선의 군대는 육지 곳곳에서 허무하게 패하며 연전연패를 거듭했다. 암울한 상황이었지만 그래도 한줄기 희망의 빛은 있었다. 바로 조선의 바다였다. 조선의 바다는 육지와 분위기가 달랐다. 왜냐하면, 조선의 바다를 지키고 있던 이순신 장군이 있었기 때문이다.

이순신 장군의 지휘 아래 조선 수군은 왜군을 상대로 연전연승을 거뒀다. 앞으로 이순신 장군이 있는 한 바다에는 어떤 왜군이 쳐들어와도 걱정이 없었다. 그러나 그것도 잠시였다.

제6장 우리는 어떻게 믿음의 삶을 살아야 할까? 123

어느 날 이순신은 조선의 왕이었던 선조의 어명을 받고 순식간에 죄인이 돼서 붙잡혀 갔다. 이순신 장군 입장에서는 정말 억울했을 것이다. 나라를 위해서 목숨 바쳐 싸웠는데 현실은 선조에게 붙잡혀 고문을 받고 옥에 갇히게 되었으니 말이다. 한편, 이순신 장군이 없는 조선 수군은 너무 약했다. 조선 수군은 왜군과의 전투에서 패해 많은 수군이 죽임을 당했다.

선조는 다시 이순신 장군을 전쟁터로 보낸다. 이순신 장군이 전쟁터로 돌아왔을 때 남아 있는 것은 배 12척과 두려움에 사로잡힌 수군들뿐이었다. 이제 이순신 장군에게는 한 가지 선택만 남아 있었다. 이 상태로 왜군과 싸울 것인지, 아니면 포기하고 그대로 도망칠 것인지 말이다.

이순신 장군은 과연 어떤 선택을 했을까?
놀랍게도 이순신 장군은 12척의 배로 전투를 하러 바다로 나갔다.

결과는 어떻게 됐을까?
이순신 장군은 왜군을 상대로 기적과도 같은 승리를 했다. 이순신 장군이 12척의 배로 왜군과의 전투에서 승리를 거둔 해전이 바로 명량 해전이다.

나는 이순신 장군을 통해 말하고 싶은 게 한 가지 있다. 우리에게는 힘들고 어려운 순간들이 항상 있다. 믿음의 사람으로 정말 피하고 싶은 어려운 순간들 말이다. 그럴 때, 우리는 믿음의 사람으로 한 가지 선택을 해야 한다. 세상 속에서 하나님 말씀에 순종할 것인지, 아니면 말씀을 외면할 것인지 말이다.

나는 우리 모두가 어떤 상황 속에서도 하나님의 말씀에 먼저 순종하는 사람들이 되었으면 좋겠다. 그런 사람들이 하나님이 보시기에 믿음의 사람임을 다시 한번 더 말해 주고 싶다.

믿음의 사람들은 어떤 상황 속에서도 하나님을 먼저 생각하고, 하나님의 말씀을 따라가는 사람들임을 잊지 말자. 하나님 앞에서 이런 생각은 하지 말자.

'내가 손해를 보지 않을까?'
'너무 고생길인데?'

오히려 이렇게 고백하는 당신이 되었으면 좋겠다.

'하나님, 이런 순간에서도 하나님을 따를 수 있어서 감사해요.'

누군가를 위해서 양보해 본 적 있니?

혹시 철인 3종 경기를 알고 있는가?

철인 3종 경기는 한 선수가 수영, 사이클, 마라톤 세 가지 종목을 한꺼번에 다 하는 것으로 극한의 인내심을 요구하는 스포츠다. 올림픽 코스의 경우 남녀가 각각 수영 1.5킬로미터, 사이클 40킬로미터, 마라톤 10킬로미터 등 총 51.5킬로미터 거리를 경쟁한다.

철인 3종 경기에 출전하기 위해서는 한 종목만 잘해서는 안 된다. 수영, 사이클, 마라톤 모두 잘해야 한다. 그리고 세 종목을 한꺼번에 할 수 있는 엄청난 체력도 있어야 한다.

몇 년 전, 스페인에서 철인 3종 경기가 열렸다. 많은 선수가 참가했는데, 치열한 경기 끝에 두 명의 선수가 1등, 2등으로 결승선을 먼저 통과했다. 이제 3등의 자리를 놓고 두 명의 선수가 마지막 결승선을 통과하기 전까지 치열하게 경쟁하고 있었다.

그런데 결승선 통과를 얼마 앞두고 놀라운 일이 일어났다. 두 명의 선수 중 앞서가던 선수가 결승선을 앞두고 길을 잘못 들어갔던 것이다. 그로 인해 3위였던 선수는 4위로 밀려나게 되었고, 4위였던 선수는 순식간에 3위로 올라섰다.

3위로 올라선 선수는 바로 스페인 출신의 디에고 멘트리다였다. 멘트리다는 극적으로 3위로 결승선을 통과할 수 있었다. 그런데 여기서 또 반전이 일어났다. 디에고 멘트리다 선수는 결승선을 통과하지 않고 결승선 앞에 가만히 서 있었다.

도대체 디에고 멘트리다 선수는 왜 결승선을 통과하지 않고 가만히 서 있었던 것일까?

왜냐하면, 멘트리다 선수는 길을 잘못 들어가서 4위로 내려간 선수를 기다리고 있었던 것이다. 4위로 처졌던 선수는 결승선을 통과하기 직전 감사의 표시로 멘트리다 선수에게 악수를 청한 뒤 결승선을 통과했고 동메달을 목에 걸었다. 그리고 멘트리다 선수는 그다음 4위로 결승선을 통과했다. 한편, 대회 조직위원회에서는 멘트리다가 상대의 실수를 기회로 삼지 않는 스포츠맨십을 보여 줬다며 그에게 명예 3위 상을 수상했다.

이 사실이 알려지면서 멘트리다 선수를 향한 팬들의 찬사가 쏟아졌다. 그러자 멘트리다는 인터뷰에서 이렇게 말했다.

"결과에 대해 생각할 겨를도 없이 당연히 그래야만 했다."

나는 이 이야기를 통해 하고 싶은 질문이 한 가지 있다.
우리는 최근에 누군가에게 양보했던 적이 있는가?

사실 양보를 한다는 것은 결코 쉬운 일이 아니다. 왜냐하면, 양보를 하기 위해서는 나를 희생해야 하기 때문이다. 그런데도 우리는 양보하는 인생을 살아가야 한다. 왜냐하면, 예수님께서 우리에게 그런 인생을 살라고 말씀하셨기 때문이다. 예수님은 우리에게 이렇게 말씀하셨다.

"하나님을 온 마음을 다해 사랑하고, 네 이웃을 네 몸과 같이 사랑하라"
(마 22:37-39).

예수님은 이런 말씀도 하셨다.

"내가 너희를 사랑한 것같이 너희도 서로 사랑하거라"(요 13:34).

우리 모두가 예수님의 말씀처럼 예수님께 받은 십자가의 사랑을 값없이 나누어 주는 인생을 살았으면 좋겠다.

현재 우리의 도움을 필요로 하고 있는 친구가 있는가?
우리가 먼저 손을 내밀고 도움을 주는 건 어떨까?
하나님께서 그런 우리의 모습을 보고 기뻐하실 것이다.

제7장

하나님은 어떤 사람을 주목하실까?

하나님은 어떤 사람을 주목하실까요?
외모가 뛰어난 사람을 주목하실까요?
아니면 공부를 잘하는 사람을 주목하실까요?
혹은 높은 직책에 있는 사람에게 주목하실까요?
하나님은 사람을 볼 때 그 사람의 무엇을 보고 주목하실까요?

이번 시간에 다 함께 살펴봅시다.

0.01초 차이라도 방심해서는 안 돼!

2023년 9월 23일, 중국 항저우에서 아시안 게임이 열렸다. 아시아 45개국에서 많은 선수가 참가했다. 한국도 무려 867명의 선수가 참석해서 여러 종목에서 선전했다. 그런데 정말 황당하면서 안타까운 경기가 하나 있었는데, 바로 롤러스케이트 경주였다.

대한민국 롤러스케이트 스피드 남자 대표팀이 3,000미터 릴레이 계주 경기에 참가했다. 총 3명의 선수가 출전해서 번갈아 가며 운동장을 계속 도는 단체전이었다. 대한민국 대표팀은 예선전에서 뛰어난 성적을 거두며 결승전에 올라왔다. 드디어 결승전이 시작되고 선수들은 운동장을 열심히 돌고 있었다.

이제 3,000미터를 거의 다 돌고 운동장 한 바퀴만 남겨 놓고 있을 때였다. 한 바퀴를 남겨 놨을 때 1등은 대한민국 선수, 2등은 대만 선수였다. 대한민국 선수가 대만 선수를 아주 근소한 차이로 앞서가고 있었다.

나는 당시 경기를 보면서 혹시나 대만 선수가 역전하는가 싶어 심장이 조마조마했다. 그래도 대한민국 선수가 1위 자리를 아슬아슬하게 잘 유지했다. 이제 곧 결승선을 통과하기 직전이었다.

그때 우승을 확신한 마지막 주자였던 대한민국 선수가 너무 기뻐서 두 팔을 들어 올리며 승리의 세리머니를 펼쳤다. 그렇게 대한민국 선수가 결승선을 통과하자 대한민국 선수들은 서로 부둥켜안으며 기뻐했다. 나도 그 장면을 보면서 마음이 흐뭇했다.

그런데 잠시 뒤 스크린에 경기 순위가 나왔을 때 놀라운 일이 일어났다. 1위인 줄 알았던 대한민국은 2위가 되어 있었고, 2위인 줄 알았던 대만이 1위가 되어 있었다. 무슨 영문인지 몰라 대한민국 선수들이 어리둥절하고 있을 때 스크린 화면으로 리플레이가 다시 나왔다.

자세히 봤더니 마지막 결승점을 앞두고 대한민국 선수가 우승을 확신하며 세리머니를 펼치고 있을 때였다. 그때 뒤에서 따라오던 대만 선수가 결승선에 먼저 들어오기 위해 혼신의 힘을 다해 다리를 쭉 뻗었다.

나중에 경기 기록을 확인해 보니 대만 선수가 대한민국 선수보다 0.01초를 먼저 들어와서 대만이 우승할 수 있었다. 우승이라고 확신했던 대한민국 선수들은 고개를 떨구며 좌절했다. 한편, 극적인 우승을 차지한 대만 선수들은 서로 얼싸안고 난리가 났다.

나는 경기를 보면서 이런 생각이 들었다. 마지막에 대한민국 선수가 결승점을 통과하기 직전 승리의 세리머니를 펼치지 않고 최선을 다했다면 우승은 대한민국 선수들에게 돌아갔을 것이다. 그러나 마지막 순간에 방심해서 우승의 문턱 앞에서 좌절할 수밖에 없었다.

경기 마지막 순간에 승리를 확신하며 세리머니를 펼치다 우승을 놓친 선수의 모습을 보면서 오늘 우리의 모습을 돌아보게 된다. 왜냐하면, 우리도 신앙의 경주를 달리고 있는 믿음의 선수들이기 때문이다.

시합을 하는 선수에게 있어서 가장 중요한 마음가짐은 뭘까?
바로 방심하지 말고 끝까지 최선을 다하는 것이다. 왜냐하면, 끝날 때까지 끝난 게 아니기 때문이다.

이 경기를 통해 말하고 싶은 것이 있다. 하나님께서 나에게 주시는 은혜가 당연하다고 생각하지 말자. 당연하다고 생각하면 방심하게 되어 있다. 방심하면 한순간에 와르르 무너진다.
우리는 하나님께서 주시는 은혜를 당연하게 생각하지 말아야 한다. 오히려 하나님께 감사하고 우리에게 맡겨진 일에 최선을 다하자.
하나님이 주목하시는 사람은 하나님께서 주시는 은혜를 당연하게 생각하지 않고, 항상 감사하는 사람이란 걸 꼭 기억하자.

② 악뮤는 어떻게 인기 가수가 될 수 있었을까?

많은 대중에게 사랑받고 있는 가수가 있다. 바로 '악뮤'(AKMU)이다. 악뮤는 실제 남매가 한 팀이 되어 활동하고 있는 듀엣 가수다.

먼저 오빠 이찬혁은 작곡의 천재다. 써 내는 곡마다 히트를 친다. 그래서 히트 제조기로 불리기도 한다. 동생 이수현은 엄청 감미로운 목소리를 가지고 있다. 이수현이 노래를 하면 듣는 사람마다 놀라서 입을 다물지 못한다.

이런 악뮤는 처음부터 스타 가수가 아니었다. 원래 악뮤는 몽골에서 살던 평범했던 청소년이었다. 남매는 선교사였던 부모님을 따라 어릴 때부터 몽골에서 청소년 시절을 보냈다.

그렇다면, 평범했던 남매가 어떻게 대중에게 사랑받는 가수가 될 수 있었을까?

바로 〈케이팝 스타〉가 그 이유였다. 〈케이팝 스타〉로 악뮤는 순식간에 인기 스타가 될 수 있었다. 〈케이팝 스타〉는 전 국민을 대상으로 신인 가수를 발굴하는 서바이벌 오디션 프로그램이었다. 전국에 가수가 되고 싶은 사람은 모두 〈케이팝 스타〉에 신청할 수 있었다.

정말 많은 사람이 케이팝 오디션에 참가했다. 당시 나도 한번 도전해 보고 싶었지만 노래를 못해서 포기했다. 여하튼 오디션에 참가한 많은 사람 중에 남매 악뮤도 포함되어 있었다.

제7장 하나님은 어떤 사람을 주목하실까? 133

처음 악뮤가 케이팝 스타 오디션에 나왔을 때 오빠 이찬혁은 17살로 고 1이었고, 동생 이수현은 14살로 중 1이었다. 처음 남매가 방송에 나왔을 때 남매의 모습은 전혀 가수가 될만한 사람으로 보이지 않았다. 길거리를 지나가다 보면 흔하게 볼 수 있는 그런 평범한 남매였다. 그런데 오디션을 시작하자 놀라운 일이 일어났다.

남매가 들려주는 노래는 너무 감미로웠고 평소에 흔하게 볼 수 없는 아주 멋진 무대였다. 노래가 끝나자 무대를 보고 있던 심사위원들은 놀라서 입을 다물지 못했다. 무대를 보던 많은 사람도 엄청난 환호성을 지르며 박수를 쳤다.

그렇다면, 남매는 어떻게 이렇게 멋진 무대를 선보일 수 있었을까? 남매는 선교사인 부모님을 따라 몽골에 갔을 때 처음에는 몽골에 있는 국제학교를 다녔다. 그러다가 학비가 너무 비싸서 얼마 다니다가 학교를 그만둘 수밖에 없었다. 그 뒤부터 남매는 집에서 홈스쿨링을 했다. 남매는 집에서 홈스쿨링을 하면서 시간이 있을 때마다 노래를 직접 작사, 작곡하며 불렀다.

그런 곡들이 점점 쌓이다가 나중에는 엄청나게 많은 곡을 직접 작사, 작곡해서 부를 수 있게 되었다. 그리고 시간이 지나 케이팝 스타 오디션에 참가했을 때 남매는 자신의 재능과 실력을 마음껏 뽐낼 수 있었다.

첫 무대를 성공적으로 마친 남매는 그 이후에도 계속 승승장구하며 케이팝 스타 최종 오디션에서 우승을 차지해 가수로 데뷔할 수 있었다. 그 이후 오랜 시간이 지났지만 여전히 팬들의 많은 사랑을 받고 있다.

악뮤는 음악에 완전히 미쳐 있었다. 음악이 악뮤에게는 친구나 마찬가지였다. 힘들고 어려울 때 음악과 함께했고, 기쁘고 행복할 때에도 음악과 함께했다. 나는 악뮤를 통해 말해 주고 싶은 게 있다.

우리도 하나님께 완전히 미쳐 버리면 어떨까?
어렵고 힘들 때에도 하나님과 함께하고, 기쁘고 즐거울 때도 하나님과 함께하는 사람 말이다. 하나님께 미쳐 있는 사람은 늘 하나님을 갈망하면서 하나님께 집중하는 사람이다.

하나님께서 그런 사람을 주목하지 않으실까?
하나님은 오늘도 살아 계셔서 우리를 주목하고 계신다. 나는 우리 모두가 날마다 삶 속에서 하나님을 만나길 기대했으면 좋겠다. 하나님께서 우리를 만나 주고 인도하실 것이다.

3

얘들아, 하나님이 찾으시는 사람은 완벽한 사람이 아니야!

혹시, 1998년에 개봉한 〈아마겟돈〉이란 영화를 알고 있는가?
영화 〈아마겟돈〉의 줄거리는 다음과 같다.

미국의 텍사스주 크기만 한 소행성이 지구를 향해 22,000마일의 속도로 돌진해 오고 있다. 만약 그 행성이 지구로 떨어진다면 지구의 모든 사람은 죽게 될 것이다.

미국 우주항공국 NASA 국장은 어떻게 하면 행성이 지구와 충돌하는 걸 막을 수 있을지 고민하다가 한 가지 기가 막힌 방법을 생각해 낸다. 그 방법은 우주선을 타고 행성까지 가서 그 행성에 약 250미터 깊이까지 구멍을 뚫고, 그 구멍 속에 핵탄두를 넣고 폭발시키는 것이다. 그렇게 폭발을 통해 행성이 둘로 쪼개지면 지구를 비켜 갈 거라고 생각했다.

하지만 이 작업은 절대로 쉬운 게 아니었다. 목숨을 걸지 않으면 할 수 없는 위험한 작업이었다. 국장은 누구에게 이 일을 맡길지 고민하다가 한 사람을 떠올렸다.

그 사람은 세계 최고의 굴착 전문가인 해리였다. 국장은 해리를 만나 우주로 날아가 소행성 중심에 구멍을 뚫은 뒤 폭탄을 설치해 달라고 부탁한다. 해리는 자신의 동료들과 함께 NASA에서 우주 비행을 위한 기초 훈련을 받고 팀원들과 함께 우주로 떠난다. 그리고 많은 어려움 끝에 행성에 도착한 후 계속 땅을 파기 시작해 결국 굴착 작업을 성공적으로 마친다.

　이때 한 가지 문제에 봉착하게 된다. 핵폭탄의 무선 폭파 장치가 고장이 나서 대원 중 한 사람이 남아 직접 폭발 버튼을 눌러야만 했던 것이다. 해리와 팀원은 폭탄을 터트릴 사람을 뽑기 위해 제비뽑기를 하고, 이때 해리 딸의 남자 친구였던 A.J가 걸리게 된다. 해리는 그런 A.J를 마지막까지 직접 배웅해 준다.

　그런데 놀라운 일이 일어났다. A.J의 마지막 가는 길을 배웅해 주던 해리는 갑자기 A.J의 우주복 산소 연결 호스를 빼 버리고 그가 숨쉬기 힘들어하는 사이 그를 우주선으로 돌려 보낸다. 그리고 해리는 울부짖는 A.J를 뒤로하고 직접 우주선 문을 닫으며 본인이 폭탄을 터뜨리러 간다.

　해리는 폭탄을 터트리기 전, 마지막으로 지구와의 교신을 시도한다. 해리는 딸 그레이스에게 영상 편지를 전하면서 이렇게 말한다.

　"돌아간다는 약속을 지키지 못해서 미안해."

　이 말을 끝으로 해리는 폭탄을 터트린다. 그리고 나머지 대원들은 지구에 무사히 도착해 영웅이 되어 당당히 돌아오면서 영화는 끝이 난다.

　〈아마겟돈〉에는 해리와 그와 함께하는 훌륭한 팀원이 있었고, 그들이 지구의 멸망을 막아 냈다. 나는 〈아마겟돈〉 영화를 통해 하고 싶은 말이 있다.

　하나님은 지구의 멸망을 지켜 낸 해리와 훌륭한 팀원처럼 하나님과 함께할 사람들을 찾고 계신다.

그렇다면, 하나님께서 찾으시는 사람들은 어떤 사람들일까?
죄가 전혀 없고 윤리적이며 도덕적으로 완벽한 그런 사람들을 찾고 계실까?

아니다. 하나님이 찾으시는 사람은 그런 완벽한 사람들이 아니다. 사실 그런 사람은 지구상에 단 한 명도 없다.

그렇다면 하나님이 찾으시는 사람은 누굴까?
하나님이 찾으시는 사람은 부족하지만 하나님을 사랑해서 하나님과 깊은 관계를 맺고 있으며, 하나님을 위해 살아가는 사람들이다. 나는 우리 모두가 하나님과 깊은 관계를 맺으며 살아가는 사람이었으면 좋겠다. 누군가 나에게 왜 이런 삶을 살아가냐고 물어본다면 이렇게 말할 수 있는 믿음의 사람이 되었으면 좋겠다.

"내 삶의 주인은 하나님이시기 때문입니다."

하나님은 하나님을 사랑해서 하나님을 위해 살고자 하는 사람들을 통해 공동체를 변화시키고 지역을 변화시키며 나라를 변화시키신다.
나는 우리 모두가 하나님의 사람으로 귀하게 쓰임 받기를 소망한다.

누군가를 사랑해서 후회해 본 적 있니?

　드라마나 웹툰, 영화를 보면 빠지지 않고 나오는 공통점이 한 가지 있다. 바로 삼각관계다. 삼각관계란 세 남녀 간의 연애 관계를 가리킨다.

　나에겐 아직도 잊지 못하는 커플이 있다. 당시 내가 청소년부에 처음 부임했을 때, 두 친구는 서로 사귀고 있는 중이었다. 두 친구 다 신앙에 열심 있는 친구들이어서 더욱 걱정이 됐다. 왜냐하면, 열심 있는 친구들이 연애를 하다가 엇나가는 경우를 꽤 많이 봐 왔기 때문이다. 난 두 친구와 점점 친해지면서 하나님이 기뻐하시는 연애를 해야 한다고 가르쳐 주었다.

　두 친구는 3년 동안 잘 사귀었다. 다른 친구들의 구설수에 오르지도 않았고, 그렇다고 신앙적으로 게을러지거나 흐트러지지도 않았다. 그러던 어느 날, 그 커플이 헤어졌다는 소식을 다른 친구로부터 듣게 되었다. 3년 동안 잘 사귀어 왔던 커플인데 어떻게 갑작스럽게 헤어졌는지 궁금했지만, 두 친구에게 직접 물어보기가 조심스러웠다.

　나중에 커플이었던 남학생이 나에게 심방을 요청했고, 그 남학생을 만나러 갔을 때 남학생은 눈물을 펑펑 흘리며 헤어지게 된 이유를 말해 주었다. 남학생은 여학생이 일방적으로 헤어지자고 통보했다고 말했다. 남학생은 갑작스러운 여학생의 이별 통보에 정신을 차릴 수 없었다. 왜냐하면, 얼마 전까지 아무런 문제 없이 잘 지내고 있었기 때문이다. 그런데 갑자기 여학생이 우리 사이를 다시 생각해 보자고 하더니 하나님께서 너를 남자 친구로 주신 확신이 없다면서 일방적으로 헤어지자고 말했다. 남학생은 몇 번이고 여학생의 마음을 돌려 보려고 애썼지만 아무런 소용이 없었다.

남학생은 그럼 잠시 서로 기도하면서 생각하는 시간을 가져 보자고 설득했다. 여학생은 그렇게 해도 마음은 변하지 않는다면서 헤어지자고 했다. 남학생은 여학생을 너무 좋아했지만 어쩔 수 없이 알겠다고 말할 수밖에 없었다.

여학생이 일방적으로 이별 통보를 하고 몇 주일 뒤에 남학생은 그 여학생이 왜 급하게 이별 통보를 했는지 알 수 있었다. 몇 주 뒤에 그 여학생의 카톡 프로필에 한 장의 사진이 업데이트되었는데, 여학생이 새로운 남자 친구와 함께 찍은 사진이었다. 그 여학생은 남학생과 사귀던 중 다른 남자를 좋아하게 되었고 그 남자를 사랑하는 마음이 커져서 사귀던 남학생에게 헤어지자고 말했던 것이다.

만약 내가 사랑하는 사람이 하루아침에 나를 더 이상 좋아하지 않는다며 이별을 통보한다면 그것만큼 가슴 아픈 일은 없을 것이다. 그리고 그 이유가 내가 아닌 다른 사람과 사랑에 빠진 것이라면 더욱 마음이 괴롭고 배신감마저 들 것이다. 내가 그 사람과 왜 지금까지 연애를 했는지 후회할지도 모른다.

나는 이 이야기를 통해 말하고 싶은 것이 있다. 하나님도 사람들을 보면서 후회하고 계실 수 있기 때문이다. 이 시대는 그 어떤 때보다 돈의 힘, 권력의 힘, 지식의 힘이 세상을 지배하며 살아가는 시대이다.

사람들은 어떤 때보다 돈과 권력과 지식을 차지하기 위해 최선을 다해 살아가고 있다. 그로 인해 죄를 서슴지 않고 저지르기도 한다. 그런데 염려가 되는 것은 믿음을 가진 우리마저 하나님의 말씀을 따라 살지 않고, 세상 가치관으로 똘똘 뭉쳐 살아가고 있다는 것이다.

믿음의 사람들이 하나님을 따라 살지 않고 세상의 가치관에 따라 사는 것을 하나님께서 보시면 슬픔을 넘어 분노하실 것이다. 나는 지금까지 하나님의 사랑에 대해 많이 말해 왔다. 그러나 하나님은 사랑의 하나님이시기도 하지만 한편으로 공의의 하나님이시다.

하나님은 죄를 미워하며 죄와 타협하지 않으신다. 그렇기에 우리는 세상 속에서 타락한 사람들처럼 살아가는 것이 아니라 하나님의 사랑에 지배되어 살아가는 믿음의 자녀들이 되어야 한다. 우리만큼은 타락한 세상 속에서 믿음을 지키며 하나님의 사랑을 나누어 주는 인생으로 살아갔으면 좋겠다.

하나님께서 주목하시는 사람은 세상 속에서 죄악을 따라가지 않고 믿음을 지키며 살기 위해 힘쓰는 사람이라고 확신한다.

하나님은 그런 사람을 통해 세상을 부끄럽게 하실 것이다. 하나님은 그런 사람을 통해 하나님의 사랑을 세상에 흘려보내실 것이다.

나는 우리가 그런 사람이 되었으면 좋겠다. 세상의 빛과 소금으로 하나님께 귀하게 쓰임 받는 사람이 되기를 소망한다.

5 너는 누군가를 감동시켜 본 적 있니?

전 세계에서 개인 유튜버로 가장 많은 구독자 수를 보유하고 있는 유튜버가 누구인 줄 아는가?

바로 〈미스터 비스트〉 채널을 운영하고 있는 제임스 스티븐 도널드슨이다. 그는 미국인으로 2023년 기준, 구독자 순위가 1위인 유튜버이다.

도널드슨이 운영하고 있는 채널의 구독자 수는 무려 2억 8백만 명인데, 이는 우리나라 인구수보다 몇 배는 더 많은 구독자 수를 보유하고 있는 것이다. 도대체 왜 이렇게 구독자 수가 많은 건지 궁금해서 최근에 그가 올린 영상을 하나 클릭했다.

영상이 올라온 지 4일이 지난 후였는데 조회 수가 무려 7천만 회를 기록하고 있었다. 그 영상은 도널드슨이 아프리카에 여러 나라로 가서 100개의 우물을 짓는 모습을 담고 있었다.

도널드슨은 그곳에서 우물을 지어 줄 뿐만 아니라 그 지역에 있는 학교에도 방문해 아이들이 쓰는 책상을 새롭게 바꿔 주기도 했다. 또 어느 학교에 가서는 전 교생 모두에게 자전거를 선물하기도 했다.

그뿐만이 아니었다. 사람들이 걸어 다니기 힘든 길이 있었는데 도널드슨은 그것을 보고 사람들이 안전하게 다닐 수 있도록 다리를 설치하기도 했다. 나는 그 영상을 보는 내내 입가에 웃음이 떠나지 않았다. 영상 안에서 행복해하는 아이들의 모습을 보니까 저절로 웃음이 지어졌다.

도널드슨의 영상에는 사람을 감동시키는 강력한 힘이 있었다. 왜 그가 세계에서 가장 많은 구독자를 거느린 유튜버인지 알 수 있었다. 이토록 누군가를 감동시키는 건 참 행복하고 좋은 일이다. 나는 유튜브 세계 구독자 수 1위인 도널드슨을 통해 묻고 싶은 질문이 있다.

그렇다면, 우리의 왕이시며 온 세상의 주관자 되시는 하나님은 과연 무엇에 감동하실까?

우리는 기억해야 한다. 하나님은 말뿐인 신앙이 아니라 믿음으로 순종하는 사람에게 감동하신다는 사실을 말이다.

그럼 어떻게 하면 말뿐인 신앙이 아닌 믿음으로 순종하는 사람으로 살아갈 수 있을까?

항상 내 편이 아닌 하나님 편에서 생각하는 사람이 되어야 한다. 그리고 내 삶의 1순위가 바로 하나님이 되어야 한다.

하나님이 주목하시는 사람은 말로만 순종하겠다고 하는 사람이 아니라 직접 행동을 통해 순종하는 사람이다. 그리고 하나님이 주목하시는 사람은 하나님 편에 서 있는 사람이다. 하나님 편에 서서 믿음으로 순종하는 사람이 되기를 축복한다.

6 너에게 가장 가치 있는 것은 뭐니?

혹시, KBS에서 방영하는 〈진품명품〉이란 프로그램을 알고 있는가? 이 프로그램은 도자기, 그림, 고문서 등 오래되었거나 희귀한 옛 골동품이 진짜인지 가짜인지를 전문가들이 가려 주는 프로그램이다. 놀랍게도 이 프로그램은 1995년에 시작해서 지금까지 쭉 이어져 오고 있는 장수 프로그램이다. 나는 우연찮게 〈진품명품〉 1회 방송을 본 적이 있다. 그때 내 나이가 12살, 초등학교 5학년 때였다.

내가 약 30년 전의 방송이었던 1회 방송을 아직도 기억하는 이유가 있다. 당시 1회에서 아저씨 한 명이 골동품 하나를 가지고 나왔다. 아저씨는 시장에서 길을 걸어가다가 골동품을 발견했는데, 책에서 봤던 값비싼 골동품이랑 비슷하게 생겨서 혹시나 하는 마음에 3만 원에 그것을 구입했다고 말했다.

드디어 전문가들의 감정이 시작되었다. 전문가들은 아저씨가 가지고 나온 골동품을 유심히 살펴보면서 감정을 했다. 시간이 지나고 감정은 끝이 났고, 드디어 감정 가격이 나왔다.

아저씨가 들고 나온 골동품의 감정 가격은 과연 얼마였을까?
그 가격은 무려 3만 원이었다. 아저씨가 시장에서 골동품을 샀던 가격과 똑같은 액수였던 것이다. 고가의 물품인 줄 알았던 그 골동품은 시장에서 흔하게 살 수 있는 짝퉁 물건이었다. 나는 아직도 3만 원의 감정 가격을 받고 실망한 아저씨의 표정을 잊을 수 없다.
나는 3만 원 골동품을 통해 하고 싶은 말이 있다.

우리가 현재 가장 소중하게 생각하고 있는 것은 무엇인가?
아마 사람마다 소중하게 생각하는 게 다를 것이다. 누군가에게는 가족이 제일 소중하고, 다른 누군가에게는 핸드폰이 제일 소중할 수도 있다. 또 다른 누군가에게는 사귀고 있는 남자 친구나 여자 친구가 제일 소중할 수도 있다.

그렇다면, 성경에서는 우리에게 무엇이 가장 소중하고 가치 있는 것이라고 말하고 있을까?
믿음의 사람에게 가장 가치 있는 것은 바로 '하나님과 동행하는 삶'이란 것을 기억해야 한다. 내 중심이 하나님 앞에 바로 서고 하나님을 위해 사는 인생이야말로 가장 가치 있는 삶이다.

나는 우리 모두가 눈앞에 보이는 현실의 즐거움보다 하나님과 소통하고 하나님을 예배하는 것에 기쁨을 누리는 사람이 되었으면 좋겠다. 즉, 눈에 보이는 현실의 즐거움보다 눈에 보이지 않는 하나님을 의지하고 말씀을 따라가는 믿음의 사람이 되었으면 좋겠다.
하나님이 주목하시는 사람은 바로 하나님을 제일 소중하게 여기는 사람이라는 사실을 잊지 말고 기억하자.

제8장

너의 꿈은 뭐니?

십대 시절에 가장 고민되는 게 하나 있다면 바로 진로 문제입니다. 내가 앞으로 어떤 일을 해야 할지 고민합니다. 그렇다면, 하나님 앞에서 우리의 꿈을 어떻게 응답받고 그 꿈을 어떻게 이루어 갈 수 있을지 함께 살펴봅시다.

1 하나님은 너를 향해 놀라운 계획을 가지고 계셔

나는 얼마 전에 학생 한 명을 심방했다. 그 학생은 나를 만나는 동안 밝게 웃으면서 대화를 했다. 그런데 집에 다 도착해서 내려야 하는데 그 학생이 갑자기 눈물을 흘리면서 고민을 이야기했다.

그 학생은 학교에서 힘든 일이 있다고 말했는데, 학교에서 자기와 친한 친구들은 장점을 하나씩 다 가지고 있는데, 자기는 잘하는 게 하나도 없는 것 같아 마음이 너무 힘들다고 했다.

나는 그 학생의 말을 듣고 깜짝 놀랐다. 왜냐하면, 그 학생은 평소 성격도 밝고 활발해서 매사에 늘 적극적이었기 때문이다. 그래서 나는 그 학생이 그런 고민을 하고 있을지 생각조차도 하지 못했다.

나는 그 학생의 말에 너무 공감이 간다. 왜냐하면, 나도 청소년 시기에 잘하는 게 없어 혼자 힘들어했던 적이 한두 번이 아니었기 때문이다. 나는 고등학교 때 이런 생각을 많이 했다.

'나는 특별히 잘하는 게 없는데, 앞으로 내 인생은 어떻게 될까?'

나는 마음속에 이런 생각이 들 때마다 마음이 불안하고 우울했다. 그러나 한 가지 진리를 깨닫게 된 이후로는 그런 불안과 우울감에서 벗어날 수 있었다.

하나님은 내가 잘하는 게 없어도 나에게 주목하시고 나를 사랑하신다는 것을 알게 된 이후로는 우울감에서 벗어날 수 있었다.
그렇다면, 하나님께서 우리에게 요구하시는 것은 무엇일까?

공부?
돈?
외모?

공부?
좀 못해도 괜찮다. 공부가 인생의 전부는 아니다.

돈?
좀 없어도 괜찮다. 돈이 인생의 전부가 될 수 없다.

외모?
못생기면 어떤가. 외모가 특출나지 않아도 살아가는 데 아무런 문제가 없다.

그렇다면, 하나님께서 우리에게 원하시는 건 과연 뭘까?
하나님이 우리에게 원하시는 것은 우리가 어디에서나 하나님 중심의 신앙으로 살아가는 것이다.

그렇다면 , 하나님 중심 신앙이란 과연 무엇일까?

바로 하나님의 말씀이 내 삶의 1순위가 되는 것이다. 내 상황과 환경에 상관없이 하나님의 말씀을 1순위로 여기고 말씀을 따라 사는 것이다.

하나님은 오늘도 살아 계셔서 하나님 중심의 신앙으로 사는 사람을 찾고 계신다. 하나님은 하나님을 향한 뜨거운 마음, 하나님을 위해 살고 싶다는 간절한 마음을 가진 사람을 찾고 계신다.

하나님은 그런 사람을 훈련시키실 것이다. 하나님의 사람으로 쓰시기 위해 다듬으실 것이다. 나는 우리 모두가 하나님께서 훈련시키는 하나님의 마음에 합한 사람이 되었으면 좋겠다.

2 나무늘보는 왜 나무에서 내려오지 않는 걸까?

　동물들이 달리기를 한다면 제일 느린 동물은 무엇일까?
　나는 나무늘보라고 말하고 싶다. 나무늘보는 말 그대로 정말 느려서 붙여진 이름이다. 나무늘보는 이름처럼 나무에 살면서 나뭇가지에 매달려 좀처럼 움직이지 않는다.

　우리가 한 시간 동안 열심히 걷는다면 얼마 정도의 거리를 걸을 수 있을까. 평균 5킬로미터 정도 걸을 수 있다. 그렇다면, 나무늘보는 한 시간 동안 어느 정도의 거리를 걸을 수 있을까. 놀라지 마라. 나무늘보는 한 시간 내내 움직여도 200미터밖에 가지 못한다.

　나무늘보는 좀처럼 나무에서 내려오지 않는다. 나무늘보는 나무에 매달린 상태로 새끼를 낳고, 나무에 매달린 채로 살아간다. 심지어 나무늘보는 늙거나 병이 들면 나무에 매달린 채로 세상을 떠나기도 한다. 그야말로 나무에서 태어나 나무에서 생을 마감한다.

　그런데 평생을 나무 위에서 살아가는 나무늘보가 8일에 한 번씩 땅 밑으로 내려온다고 한다. 그 이유는 똥을 싸기 위해서다. 나무늘보는 8일에 한 번씩 똥을 쌀 때가 되면 나무에서 천천히 내려와 나무 밑에서 볼일을 본다.

우리로서는 언뜻 이해가 되지 않는다. 왜냐하면, 나무 아래에서 천적을 만날 확률이 높기 때문이다. 즉, 나무늘보가 똥을 쌀 때가 가장 위험한 순간이다. 그런데 나무늘보는 똥을 싸러 내려와도 포식자에 의해 목숨을 잃는 경우가 드물다고 한다. 그 이유는 나무늘보가 느리기 때문이다.

나무늘보의 천적인 퓨마나 독수리는 뛰어난 동체 시력을 가지고 있어서 재빠르게 움직이는 동물은 쉽게 알아본다. 하지만, 나무늘보처럼 천천히 움직이는 동물은 오히려 잘 인식하지 못한다. 즉, 나무늘보의 약점인 줄 알았던 느린 움직임이 나무늘보를 야생에서 살아남을 수 있게 한 결정적인 이유였던 것이다.

나는 나무늘보를 통해 말하고 싶은 것이 한 가지 있다. 나무늘보가 야생에서 살아남을 수 있었던 생존 법칙은 더욱 '느리게'였다. 느리게 움직여야 살아남을 수 있었다. 나무늘보에게 자신만의 생존법칙이 있는 것처럼, 하나님이 사람을 사용하실 때 하나님만의 법칙이 있다.

'하나님께서 누군가를 사용하실 때 변하지 않는 하나님만의 법칙은 뭘까?'

하나님께서 사용하시는 사람에겐 한 가지 전제조건이 있다. 하나님은 자신의 손에 빚어진 자들을 사용하신다.

그렇다면, 하나님의 손에 빚어진다는 말은 무슨 뜻일까?

예를 들어, 우리는 송편이나 만두를 만들 때 반죽한 밀가루를 가지고 직접 손으로 만든다. 이처럼 누군가의 손에 의해 어떤 형태가 만들어질 때 우리는 '빚어진다'고 말한다.

하나님은 사람을 사용하실 때 반드시 빚으시는 작업을 하신다. 그리고 하나님의 손에 제대로 빚어진 사람들을 사용하신다.

그럼 하나님의 손에 빚어지는 사람들의 특징은 뭘까?

바로 하나님의 말씀에 순종하기 위해 죄와 싸우며 하나님 말씀에 순종하고자 애를 쓰는 것이다. 이 땅에서 하나님 앞에서 죄의 유혹에 넘어가지 않기 위해 싸우는 사람, 하나님의 말씀을 따라 살기 위해 애를 쓰는 그런 사람을 하나님께서는 찾고 계신다.

우리는 어떤 인생을 살고 싶은가?

돈 잘 벌고 폼 나는 인생을 살고 싶은가?

누구나 다 부러워하는 자동차, 집, 애인이 있었으면 좋겠는가?

나는 우리 모두가 하나님께 빚어진 인생을 살기를 소망한다. 그래서 어떤 상황 속에서도 하나님의 말씀을 붙들고 하나님만 바라보며 나아가는 그런 멋진 믿음의 사람이 되기를 축복한다.

3 너는 뭐를 할 때 마음이 두근거리니?

어느 날 남학생 한 명이 진로 문제로 나에게 상담을 요청했다.

학생: 목사님, 저 진로 고민이 있습니다.
나: 목사님한테 말해 보렴.
학생: 네, 목사님. 저는 모델학과를 준비하고 싶습니다. 그런데 모델학과를 준비하는 것이 너무 고민이 많이 됩니다. 부모님께서 걱정이 많으세요. 우선 일반대학에 있는 학과를 지원하고 대학에 갔을 때 고민해 보자고 하시네요.
　무엇이 정답일까요?
나: 네가 고민이 많았겠구나. 우선 목사님한테 말해 줘서 너무 고마워. 목사님은 네가 하는 이 고민이 이 시기에 충분히 할 수 있는 고민이라고 생각해. 우리 함께 기도하면서 고민해 보자. 목사님도 너를 위해서 기도할게.
학생: 네! 목사님. 감사합니다.

남학생이 나에게 상담을 요청했던 이유는 모델학과를 가려고 하는 것이 과연 좋은 선택인지 의견을 듣고 싶기 때문이었다. 남학생은 자기는 모델학과에 가고 싶은데, 부모님이 반대한다면서 뭐가 정답인지 모르겠다고 말했다.

남학생을 반대하는 부모님의 입장도 이해가 갔다. 남학생이 고 3이라는 중요한 시기에 남들이 가지 않는 길을 가려고 하니까 부모님이 당황했던 것이다. 남학생의 부모님은 남학생에게 지금 고 3이니까 대학 진학이 끝난 뒤에 도전해도 늦지 않다고 말했다. 그러나 남학생은 나름대로 고민이 있었다.

그 고민은 하루라도 빨리 시작해야 다른 아이들에게 뒤처지지 않을 것이라는 불안감이었다. 남학생은 부모님과 팽팽한 줄다리기를 하다가 나를 찾아와서 어떻게 하면 좋을지 물어봤고, 나는 신중하게 고민하며 같이 기도하자고 말했다.

만약 나라면 이럴 때 어떻게 하는 것이 정답이라고 생각하는가?

"인생은 한 번이야. 네가 좋아하고 가슴이 두근거리는 것을 도전해 보자. 실패해도 괜찮아."

"모델학과는 너무 현실적이지가 않아. 너 모델학과 나와서 뭐할 거야? 모델로 성공 못하면 어떻게 취업하려고 그래?
부디 잘 생각해서 취업이 잘되는 학과를 다시 생각해 보자."

나는 여기서 무엇이 정답이라고 말하기보다 이 말을 꼭 해 주고 싶다.

"네가 하고자 하는 일이 하나님을 위해 열정을 다해 할 수 있는 일이니?"

그렇다. 우리는 진로를 정할 때 내가 하나님을 위해 열정 있게 할 수 있는 일이 무엇인지 찾아봐야 한다.

우리는 무엇을 할 때 가슴이 두근거리는가?
무엇을 할 때 하나님을 위해 열정을 다해 일할 수 있는가?

나는 2년 동안 책을 3권 썼다. 2년 동안 책을 3권 쓰는 것은 결코 쉬운 일이 아니었다. 교회 사역을 하면서 남는 시간에 책을 써야 했기에 늘 시간이 부족했다. 그럼에도 열심히 글을 쓸 수 있었던 것은 글 쓰는 일이 너무 재미있었기 때문이다. 나는 글을 쓰는 것 자체가 재미있고 즐거웠다. 무엇을 쓸지 고민할 때 가슴이 두근거렸다. 그래서 청소년을 위해 글을 쓸 때 지치지 않고 집중하며 쓸 수 있었다.

나는 지금도 글을 쓰고 있고, 앞으로도 계속해서 쓸 것이다. 현재는 청소년 사역을 하고 있어서 청소년을 위한 글을 쓰고 있지만, 앞으로는 더욱 다양한 분야의 글을 쓰고 싶다. 왜냐하면, 글을 쓰는 것 자체가 즐겁고, 하나님 앞에서 열정을 다해 할 수 있기 때문이다. 나는 글 쓰는 것이 하나님께서 나에게 주신 사명이라 확신한다.

현재 하나님을 위해 우리의 가슴을 두근거리게 만들고 우리의 열정을 불태우는 일이 무엇인가?
그게 바로 하나님께서 우리에게 맡겨 주신 일임을 기억하라. 지금도 늦지 않았다. 열심히 하자.

4 때로는 고난이 또 다른 기회일 수 있어

　제자 훈련을 하면서 아이들과 함께 MBTI에 대해 이야기했던 적이 있다. 나는 아이들에게 내 MBTI가 뭐로 보이느냐고 물어보았다. 그러자 아이들이 내가 가지고 있을 법한 MBTI 유형을 말하기 시작했다. 그런데 놀랍게도 12명의 아이들이 내 MBTI 유형을 맞추지 못했다. 그것도 10번의 기회를 줬음에도 말이다.

　그럼 아이들은 왜 맞추지 못했던 것일까?
　왜냐하면, 모든 아이들이 나를 E로 봤기 때문이었다. 사실 나는 어릴 때부터 언제나 I였다. 지금 검사해도 나는 여전히 I로 나온다. 그런데 아이들이 하나같이 나를 E로 본 것이다. 신기하게도 아이들 중 아무도 나를 I로 생각하지 않았다.

　평소에 나는 조용한 편이다. 말을 많이 하지 않는다. 나는 말을 많이 하면 내 안에 에너지가 빠져나가는 게 느껴질 정도다. 그러나 아이들만 만나면 텐션이 올라가고 말이 많아지고 활발해진다. 아이들은 그런 내 모습을 보고 내 MBTI를 E로 생각했던 것이다.

　그럼 나는 어떻게 E 같은 I가 될 수 있었을까?
　나는 사역을 처음 시작할 때 정말 큰 어려움을 겪었다. 당시 나는 23살 어린 나이에 처음 전도사로 사역을 나갔다. 혼자 기도하던 가운데 사역을 나가야겠다는 감동이 들었고, 그 뒤 몇 번의 기도 끝에 하나님께서 주신 마음이라고 확신했다.

당시 나름 자신 있는 부서가 초등부(1-6학년)여서, 초등부를 뽑는 교회에 원서를 넣었다. 감사하게도 한 교회에서 면접을 보자고 연락이 왔고, 그 교회 담임목사님과 면접을 보고 난 뒤 그다음 주부터 초등부 전도사로 사역을 할 수 있었다.

그렇게 초등부 전도사로 갔는데 2주 뒤에 충격적인 일이 일어났다. 왜냐하면, 초등부에서 청소년부로 부서를 옮기게 된 것이다. 이게 어떻게 된 일이냐면, 내가 처음 사역했던 그 교회에는 청소년부 전도사님의 나이가 꽤 많았다. 50대 중반의 아저씨 전도사님이었다.

교회에서는 내가 젊으니까 아이들과 소통을 더 잘할 거라고 생각했다. 담임목사님은 내 의사를 물어보지도 않은 채 2주 만에 나를 청소년부 전도사로 임명하셨다. 당시 나는 청소년부를 맡게 되었다는 소리를 듣자마자 머릿속이 하얗게 변해 버렸다. 고 3은 나와 4살밖에 차이가 나지 않았기에 이런 걱정들로 가득했다.

'내가 과연 저 아이들을 잘 가르칠 수 있을까?'

그럼 나는 1년 동안 청소년부에서 어떻게 보냈을까?
쉽게 말해서 정말 죽을 썼다. 아이들은 다 나를 피했고 선생님들도 나를 피했다. 사람들이 나를 피하던 이유가 있었다. 그 당시 나는 한 공동체에서 어떻게 리더십을 발휘해야 하는지 전혀 모르고 있었다. 나는 아이들과의 관계도, 선생님들과의 관계도 최악으로 치닫고 있었다.

아이들이 아무도 내 옆에 있으려고 하지 않았다. 선생님들도 내가 가면 부담스러워하셨다. 그때가 나에게 가장 고통스러운 순간이었다. 나는 나름대로 잘해 보려고 했지만 쉽지 않았다. 오히려 미궁 속으로 더 빠져드는 것 같았다.

이제 나에게는 한 가지 선택밖에 없었다. 교회를 그만두던지, 아니면 다시 1년을 더 하든지 선택해야 했다.

나는 과연 어떤 선택을 했을까?

그래도 그렇게 포기할 수는 없었다. 나는 다시 시작했다. 하지만, 그전과 똑같이 하지는 않았다.

아이들과 관계를 잘하기 위해 나름 노력을 많이 했다. 서점에 가서 리더십 책들을 읽었다. 그 당시 존 맥스웰은 나의 리더십 스승이었다. 리더십의 대가인 그를 통해 리더란 어떤 사람인지에 대해 자세히 알 수 있었다.

선배들이 쓴 청소년 사역에 관련된 책도 읽었다. 청소년 사역을 어떻게 해야 하는지, 수련회는 어떻게 준비해야 하는지, 부서를 어떻게 운영해야 하는지에 대해 자세히 배울 수 있었다. 그렇게 하다 보니 점점 변해 가는 내 모습을 볼 수 있었다. 나중에는 아이들과의 관계도 회복하고, 선생님들과의 관계도 회복했다.

그때의 고난이 나에겐 또 다른 성장의 기회가 되었다. 나는 지금도 그때를 잊을 수 없다. 마음이 해이해지려고 할 때면 항상 그때를 생각한다. 때로는 고난 때문에 너무 힘들 수 있지만, 그 고난으로 나중에 더 많은 사람을 품을 수 있는 또 다른 성장의 기회가 될 수 있음을 기억했으면 좋겠다.

지금 우리가 겪는 모든 경험이 시간이 흘러 우리가 하나님의 사람으로 쓰임 받는 데 귀한 밑거름이 될 것이다. 지금 많이 어렵고 힘들더라도 우리의 어려움을 하나님께 맡겨드리고, 조금만 더 버텨 보자.
하나님께서 그때그때마다 피할 길을 주시고, 우리를 지키고 인도하실 것이다.

5 하나님은 너를 통해 일하실 거야!

혹시, 〈위험한 아이들〉이라는 영화를 본 적이 있는가?
위험한 아이들은 1995년에 개봉한 영화다. 이 영화는 당시 많은 사람의 인기를 받았는데 내용은 다음과 같다.

루앤 존스라는 이름을 가진 한 여성이 있었는데 그녀는 9년 동안 미 해병대에서 군 복무를 했다. 그녀는 9년간의 군 복무를 정리하고 사회로 나와서 영어교사로 직업을 바꾼다.

그녀는 정식 교사 자격증을 취득하기 위한 과정으로 어느 고등학교에 교생 면접을 보러 간다. 그런 그녀에게 한 가지 큰 기회가 찾아오는데 정식 교사로서 일을 할 수 있는 기회였다. 교생 면접을 보러 간 고등학교에서 그녀에게 정식 교사를 제안했던 것이다.

학교 측에서 그녀에게 정식 교사를 제안했던 이유가 있었다. 그녀가 정식 교사로 일하게 된 첫날 아이들을 만나기 위해 반으로 찾아갔는데, 학교에서 문제아들만 모아 놓은 반이었다.

학교 측에서는 그녀가 해병대에서 9년 동안 군 복무를 했던 특이한 이력을 보고 문제아들을 담당할 정식 교사로 제안했던 것이다. 그녀는 그런 이유도 모른 채 기대감을 가지고 수업에 들어갔다가 아이들에게 호된 신고식을 당했다.

반 아이들은 그녀를 흰둥이라 부르며 인종차별적 발언을 서슴없이 내뱉었고, 성희롱이 섞인 말까지 했다. 너무 당황한 그녀는 반에서 수업을 그만두고 나올 수밖에 없었다. 그녀가 담임으로 맡은 학생들은 하나같이 어두운 환경에서 성장하며 쉽게 접근할 수 없는 반항기로 똘똘 뭉친 학생들이었다.

그러나 그녀는 여기서 끝낼 수 없었다. 그녀는 고민 끝에 다시 학교로 출근한다. 그리고 기존 수업과는 완전히 다른 방법으로 수업을 진행한다. 예를 들면, 그녀는 반에서 자신이 군인으로 있을 때 배웠던 호신술을 가르쳐 주면서 수업을 진행했다. 그러자 평소에 수업을 듣지 않던 아이들이 호신술에 관심을 하나둘씩 보이기 시작한다.

또 그녀는 반 아이들 모두에게 A 학점을 주기도 했다. A 학점을 주면서 이 학점을 계속 유지할 수 있도록 수업 태도와 집중을 요구했다. 그러자 문제 아이들이 하나둘씩 선생님의 수업에 관심을 가지고 참여한다. 그러나 아이들이 마음의 문을 여는 과정은 결코 쉽지 않았다. 왜냐하면, 아이들은 이미 어른에 대한 불신으로 가득한 상태였기에 좀처럼 마음 문을 열지 않았기 때문이다.

그녀는 포기하지 않고 계속해서 아이들을 찾아간다. 학교에서 싸움을 한 아이 집에 찾아가 부모님께 아이를 칭찬한다. 또 아이들을 한 명씩 만나서 그들의 이야기를 들어준다. 그녀가 아이들을 진심으로 대하며 다가가자 아이들이 점점 마음을 열며 변해 가기 시작한다. 나중에는 문제아에서 꿈을 가진 학생으로 변해 간다.

나는 이 영화를 보면서 한 사람의 영향력이 참 크다는 생각이 들었다. 그리고 나도 그런 사람이 되고 싶다는 생각을 했다. 나는 〈위험한 아이들〉을 통해 하고 싶은 말이 있다.

나는 우리 모두가 〈위험한 아이들〉에 나오는 주인공인 루앤 존스처럼 많은 사람에게 선한 영향력을 주는 사람이 되었으면 좋겠다. 하나님의 말씀에 감동되어서 많은 사람에게 선한 영향력을 끼치는 그런 사람 말이다. 나는 우리가 하나님께 이런 고백을 했으면 좋겠다.

"하나님, 저는 하나님께 드릴 게 하나도 없습니다. 그러나 한 가지 있어요. 하나님께 저를 드리겠습니다. 하나님, 저를 하나님의 깨끗한 도구로 사용해 주세요. 하나님께 제 삶을 드립니다."

하나님께 나를 드릴 때 하나님은 나를 받아 주실 것이다. 그리고 우리를 통해 하나님의 사랑을 흘려보내실 것이다. 우리 모두다 하나님의 사랑의 통로가 되기를 축복한다.

제9장

고난을 겪을 때 우리는 어떻게 해야 할까?

인생을 살다 보면 항상 좋은 일만 있으면 좋겠는데 현실은 그렇지 않습니다. 예상하지 못했던 험난한 고난이 우리를 기다리고 있습니다.

고난이 오면 여러분은 어떻게 반응하나요?
인내하며 하나님을 바라보며 기도하나요?
아니면 고난만 보고 하나님과 사람을 원망하고 있지는 않나요?

저는 여러분에게 이 말 한마디만큼은 꼭 하고 싶습니다. 그 어떤 누구도 고난을 피해 갈 수 없음을. 여러분, 우리는 고난을 피해갈 수 없습니다. 그리고 고난은 우리를 언제 찾아올지 모릅니다.

그렇다면, 우리는 고난 앞에서 어떻게 행동해야 할까요?

1

"하나님, 처음에는 원망했지만 지금은 감사해요."

얼마 전 고등학교 3학년생들과 함께 한 가지 특별한 순서를 진행한 적이 있다. 그것은 하나님께 편지를 쓰는 것이었다. 고 3을 마무리하면서 성인이 되기 전, 하나님께 말씀드리고 싶은 것을 쓴 것이다. 여러 고 3 학생이 진지하게 하나님께 편지를 썼다.

나중에 나는 아이들이 쓴 편지를 한 장씩 읽어 보았다. 그런데 그때 여학생 한 명이 쓴 글이 상당히 인상 깊었다. 그 여학생은 편지에서 다음과 같이 썼다.

"하나님, 처음에는 원망했지만 지금은 감사해요."

그 여학생은 왜 편지에다가 하나님께 이런 글을 적은 것일까?

나중에 그 여학생을 따로 만나 이야기를 나눠 보았다. 여학생은 하나님이 자기를 향해 침묵하시는 것 같아 마음이 힘들었다고 말했다.

여학생이 이런 생각을 가졌던 이유는 바로 수능 성적 때문이었다. 여학생은 고 3 때 공부를 정말 열심히 했다. 여학생에게는 변호사라는 확실한 꿈이 있었기 때문에 그 꿈을 놓고 간절히 기도하며 열심히 공부했다. 그러나 여학생의 바람과는 다르게 수능 성적은 처참했다. 1년 동안 정말 열심히 준비해서 수능을 쳤지만 자기가 생각했던 성적보다 훨씬 못 미쳤던 것이다.

시험을 망친 여학생은 처음엔 하나님이 원망스러웠다고 했다. 여학생은 고 3 때까지 무엇인가를 바라고 열심히 신앙생활을 한 건 아니었지만 막상 수능 결과가 원하는 것에 못 미치자 하나님을 향해 원망하는 마음이 들었다고 했다.

그럴 만도 한 게 그 여학생은 고 3 때까지 신앙생활을 정말 열심히 했다. 고 3 때까지 열심히 제자 훈련을 받았고 중학생 때부터 고 3 때까지 꾸준히 찬양팀을 섬겼으며, 심지어 고3 때에도 기도회 팀장으로도 열심히 섬겼다.

그 여학생은 구원의 확신이 있었고 예수님을 정말 사랑하는 학생이었다. 그리고 공부도 나름 열심히 했다. 중학교 때부터 공부를 곧잘 해서 내신 성적 20퍼센트 안에 들어야지 갈 수 있는 고등학교에 진학했다. 고등학교에 올라와서도 변함없이 있는 자리에서 최선을 다했다.

그런데 열심히 준비했던 수능 시험 결과가 자기가 생각했던 성적보다 훨씬 못 미쳤던 것이다. 누구보다 열심히 하나님을 예배하고 섬겼는데, 왜 수능 결과가 이럴 수밖에 없었는지, 지금 처한 상황이 괴롭고 고통스러웠다고 했다. 그러나 그 여학생은 잠시 뒤 놀라운 고백을 했다.

"처음에는 하나님이 원망스러웠지만, 지금은 마음을 고쳐먹고 오히려 하나님께 감사해요."

대체 그 여학생에게 어떤 일이 있었길래 여학생은 마음을 고쳐먹은 것일까.

"목사님, 하나님이 지금까지 저를 인도해 주신 것을 알게 되었어요."

그 여학생은 수능이 끝난 후 곰곰이 생각해 보니 고등학교 시절 동안 힘든 일이 참 많았다고 했다. 그런데 그럴 때마다 하나님의 은혜로 위기를 잘 극복할 수 있었다면서 고등학교 때 함께해 주신 하나님께 감사하는 마음이 들면서 정신이 번쩍 들었다고 했다.

그 여학생은 지금까지 나를 인도해 주신 하나님께 감사는 못할망정 원망을 하고 있으니 자기 자신이 잘못 생각해도 한참 잘못 생각하고 있다며 회개하고 다시 마음을 고쳐먹었던 것이다. 그리고 여학생은 이렇게 말했다.

"지금까지 저와 함께해 주신 하나님께서 앞으로도 저를 이끄실 거라고 믿고 감사해요."

그 여학생은 지금도 꿈을 버리지 않고 열심히 노력하고 있다. 우리는 기억해야 한다. 내가 예상하지 못했던 일이 고난처럼 느껴질지라도 나와 함께하시는 하나님을 바라보며 나아가야 한다.

명심하자. 아무리 암울하고 힘든 상황이더라도 하나님께서 우리와 함께하신다. 하나님은 우리를 주목하고 계시며, 우리를 인도하신다. 눈앞에 보이는 어려움 때문에 하나님을 원망하지 말고, 하나님을 바라보면서 함께 나아가자.

2 수련회 첫날, 코로나에 확진됐어요!

　코로나19가 거의 끝나갈 무렵, 고등부 여름 수련회를 앞두고 있을 때였다. 당시 나는 코로나로 2년 동안 수련회를 하지 못하다가 3년 만에 여름 수련회를 할 수 있었다. 수련회를 한다는 소식에 많은 친구가 환호했다. 특히 고 3들은 고 1 때 겨울 수련회가 처음이자 마지막이었기 때문에 여름 수련회를 한다고 하니 너무 행복하다며 기뻐했다.

　수련회를 기대하는 건 나도 마찬가지였다. 3년 만에 하는 여름 수련회였기 때문에 누구보다 기대했다. 그리고 기대하는 만큼 열심히 준비했다. 오랜만에 하는 수련회인 만큼 은혜가 넘치는 수련회가 되기 바라는 마음으로 최선을 다해 준비했다.

　나는 수련회를 몇 주 앞두고 저녁에 교회에 가서 간절히 기도했다. 왜냐하면, 수련회 때 내가 말씀을 전하고 또 기도회를 인도해야 했기 때문이다. 그러니 나부터가 먼저 은혜로 충만해야 했다. 몇 주간의 기도 시간이 나에게는 참 감사한 시간이었다. 하루하루 은혜가 넘쳤고, 성령으로 충만했다.

　시간이 흘러 드디어 수련회 당일이 되었다. 교회에서 모이는 시간이 오후 1시였기 때문에 나는 아침 일찍 일어나서 교회로 갔다. 교회에서 아이들을 맞이할 준비, 또 수련회 때 필요한 물품이 다 모였는지 체크하면서 만반의 준비를 했다. 그런데 그때 갑자기 목이 아파오기 시작했다. 처음에는 저녁에 춥게 자서 목이 잠겼다고 생각했다. 그런데 한 번 쉬어 버린 목은 정상으로 돌아올 생각을 하지 않았다. 그때 나는 이런 생각이 들었다.

'목이 잠겨 있는데 어떡하지?
에이, 그래도 코로나겠어?
목 잠긴 것 말고는 아무 증상 없잖아. 괜찮을 거야.
아니지. 그래도 모르니까 병원에 가서 검사를 한 번 받아 볼까?
검사받고 수련회 가는 게 마음이 훨씬 편할 거야.'

나는 혼자서 괜찮다고 계속 나 자신을 위로했지만 마음 한구석에 스멀스멀 피어오르는 불안감을 지울 수 없었다. 결국, 나는 수련회 전에 병원에 가서 코로나19 검사를 받았다.

과연 결과는 어떻게 나왔을까?
검사 결과, 코로나 양성 판정이 나왔고 나는 코로나19에 확진되었다. 당시 코로나19에 확진되었다는 검사 결과가 뜨자 내가 제일 먼저 보였던 반응은 하나님을 향한 물음이었다.

"하나님, 저 수련회 준비한 거 어떻게 해야 하나요?"

정말 열심히 수련회를 준비했는데 당일에 코로나19 확진 판정을 받으니까 어떻게 반응해야 할지 몰랐다. 우선 다급하게 다른 부목사 님께 수련회를 부탁했고 나는 일주일 동안 집에서 격리해야 했다.

수련회 당일 내가 보이지 않자, 아이들에게 전화가 왔다.

"목사님, 어디세요?"
"목사님, 왜 안 오세요?"
"목사님, 보고 싶어요."
"목사님, 혹시 어디 아프세요?"
"목사님, 무슨 일 있으세요?"

당시 나는 아이들에게 코로나에 확진됐다고 말할 수 없어서 장염에 심하게 걸려서 수련회에 참석할 수 없다고 말했다. 다행히 수련회는 하나님의 은혜 가운데 잘 끝났다. 아이들은 수련회 때 평소보다 더 뜨겁게 하나님께 기도했다. 그리고 코로나로 예배만 드리고 집으로 바로 갔던 아이들이 수련회를 통해 서로 친해졌다.

아이들이 그런 시간을 보낼 때, 나는 집에서 격리되어 있었다. 나는 수련회 기간 내내 마음이 불편했다.

"하나님, 왜 하필 제가 수련회 당일에 코로나가 걸려야 했을까요?"
"하나님, 제가 하나님께 잘못한 게 있나요?"
"하나님, 마음이 너무 힘듭니다."

코로나19에 확진돼서 수련회에 참석하지 못한다는 사실이 너무 가슴 아프고 힘들었다. 처음에는 마음이 너무 힘들고 하나님께 살짝 원망 섞인 불평도 나왔다.

그러나 시간이 지난 후 나에게 이런 깨달음이 찾아왔다.

'맥아, 네가 수련회 당일에 검사해서 코로나 확진된 사실을 안 거 하나님께 감사해야 해.'
'만약 코로나 걸린 줄도 모르고 수련회에 갔으면 어떻게 될 뻔했니?'
'하나님께 감사하자.'

이 깨달음이 찾아오고 난 뒤부터 나는 하나님께 불평하지 않았다. 오히려 감사했다.

"하나님, 제가 그때 검사 안 하고 수련회에 참석했으면 오히려 더 많은 확진자가 나올 뻔했습니다. 하나님, 더 큰 어려움이 없도록 막아 주셔서 감사합니다."

우리에게 예상하지 못했던 고난이 찾아올 수 있다. 그 순간에는 너무 고통스럽고 힘들지만 시간이 지나면 오히려 그때 그 순간이 고난이 아니라 하나님의 은혜였음을 알게 된다.

내가 힘들다고 눈앞에 보이는 대로 하나님을 원망하거나 불평하지 말자. 오히려 그런 상황 속에서도 나에게 피할 길을 주시며 나를 인도하시는 하나님께 감사함으로 나아가자.

고난은 하나님께로 가는 가장 가까운 지름길이야!

여학생 한 명이 학교에서 있었던 일을 말해 주었다. 그 여학생은 성격이 E 중에서도 최상위권의 E였다. 워낙 성격이 털털하고 활발해서 중학교 때부터 친구들에게 인기가 많았다. 그 여학생은 여고에 입학하자마자 1학년 때 반장이 되었고, 여러 친구와 두루두루 친하게 지냈다.

그런데 그 여학생 반에 다른 친구들로부터 따돌림을 당하고 있는 여학생이 한 명 있었다. 그 친구는 중학생 때부터 왕따였는데 이유가 있었다. 그 친구가 뒤에서 친구들 험담을 많이 해서 다른 아이들이 그 친구를 멀리했다고 한다. 그래도 그 여학생은 자기가 반장이기도 하고 교회도 다니는데 '다 같이 친하게 지내야지'라는 생각으로 그 친구에게 먼저 다가갔다. 나중에 따돌림을 당하던 그 친구도 여학생의 친구가 되었고 다른 친구들과의 관계도 좋아졌다.

그 여학생은 고등학교에 입학해서 반장도 되고 친구들 하고 사이좋게 지내며 즐거운 학교생활을 하고 있었다. 그런데 시간이 얼마 지나지 않아 그 여학생의 즐거운 학교생활이 지옥으로 변해 버렸다. 반장인 여학생에게 말을 걸어 주는 친구들이 아무도 없었다. 그 여학생은 어느 순간 반에서 왕따가 되어 버렸다.

도대체 그 여학생에게 어떤 일이 있었던 걸까?
아까 왕따를 당했다던 친구를 기억하는가?
반장이었던 그 여학생은 따돌림을 당하던 친구를 안쓰럽게 여겨 먼저 손을 내밀었다. 그런데 그 친구가 뒤에서 그 여학생을 험담하고 다녔던 것이다. 그 친구가 여학생을 험담하고 다닌 이유는 여학생이 자기 무리와 놀지 않고 다른 친구들과도 잘 어울리니까 질투가 나서 그랬다고 한다.

그 친구는 다른 친구들에게 그 여학생에 대해 험담을 계속하며 다녔고, 그 사실을 알 리 없던 여학생은 자기도 모르는 사이에 다른 친구들과 하나씩 사이가 멀어졌다. 나중에 그 사실을 알았을 때는 이미 돌이킬 수 없는 지경에 이르렀던 것이다.

반에서 아무도 그 여학생과 함께 있으려고 하지 않았다. 그 여학생은 혼자서 밥을 먹고 공부도 혼자서 해야 했고, 쉬는 시간에도 혼자 자리에 앉아 있어야 했다. 처음에 그 여학생은 이런 현실이 믿어지지 않았다고 한다. 얼마 전까지만 해도 친구들과 함께 웃고 떠들었는데 이제 자기 주변에는 단 한 명도 남아있지 않았으니까 말이다.

그 여학생은 마음이 너무 힘들고 괴로워서 자퇴할까도 생각했다. 그러다가 학교를 마치고 집으로 가는데, 그날따라 너무 기도를 하고 싶었다고 한다. 그 여학생은 저녁 늦게 교회에 가서 하나님께 이렇게 기도했다.

"지금 제가 너무 힘든데, 하나님 저 좀 도와주세요."

그런데 기도하면서 놀라운 일이 일어났다. 그 여학생은 기도하면서 처음으로 살아 계신 예수님을 만났다. 말로만 듣던 예수님이 정말 살아 계신 하나님의 아들이시며 그분이 나의 구원자가 되어 주신다는 사실이 믿어졌다.

여학생은 예수님을 만난 이후부터 학교도 씩씩하게 다닐 수 있었다. 예수님이 함께하시는데 우울해하고 기죽을 필요가 없다고 생각했다. 이후 시간이 지나면서 여학생을 향한 반 친구들의 오해가 풀렸고, 새로운 친구들도 사귀게 되면서 힘들었던 상황들을 극복할 수 있었다고 말했다.

내가 이 이야기를 하는 이유는 앞으로 우리는 살면서 많은 일을 겪게 될 것이다. 마냥 행복하고 기분 좋은 일만 가득했으면 좋겠는데 현실은 그렇지 않을 것이다.

때로는 어려운 일도 겪을 것이고, 눈물 콧물 다 흘릴만한 일도 일어날 것이다. 그래도 이것 한 가지는 확실하게 기억했으면 좋겠다.

그럴지라도 하나님은 우리와 함께하신다는 것을 말이다. 하나님은 우리가 어렵고 힘들 때도 우리를 외면하지 않으신다. 오히려 우리의 신음 소리에 귀를 기울이신다. 꼭 기억하길 바란다.

하나님이 우리와 함께하고 계신다. 힘들고 어려울 때 다른 데 쳐다보지 말고 하나님만 바라보면서 나아가자.

4 너 혹시 거짓말한 적 있니?

혹시, 〈천 원짜리 변호사〉라는 드라마를 본 적 있는가?
〈천 원짜리 변호사〉는 많은 사람의 사랑을 받았던 드라마이다. 드라마의 주인공인 천지훈은 엄청난 실력의 변호사다. 그런데 그에게 변호를 맡길 때 드는 수임료는 단돈 천 원에 불과하다. 천 원만 있으면 천지훈 변호사에게 자신의 변호를 맡길 수 있다.

드라마에는 억울하게 피해받고 돈이 없어서 변호사도 제대로 고용하지 못하는 사람들이 나온다. 그들은 정말 천 원만 내면 변호사를 고용할 수 있는지 반신반의하며 천 원을 낸다. 그러면 천지훈 변호사는 최선을 다해 억울한 피해자의 변호를 돕는다.

드라마를 보는데 내 눈길을 끄는 사연이 있었다. 바로 소매치기 전과 4범의 이야기였다. 소매치기 전과 4범이었지만 아픈 딸에게 부끄럽지 않은 아빠가 되기 위해 소매치기를 그만둔 한 남자의 사연이었다. 소매치기였던 그 남자는 서울역 화장실에서 억울한 일을 당한다.
서울역 화장실에서 술에 취해 넘어질 뻔한 사람을 잡아 주다가 소매치기로 몰린다. 아저씨 한 명이 술에 취해 넘어지려고 해서 소매치기 전과를 가지고 있던 남자가 넘어지지 않도록 붙잡아줬는데, 오히려 소매치기범으로 몰려 현장에서 체포된다.
남자를 데리고 가서 조사를 해 보니 그 남자가 소매치기 전과 4범이었다는 사실이 드러나게 된다. 이를 알게 된 검사는 그 남자가 소매치기를 하다가 붙잡힌 거라고 확신한다. 한편 이 남자는 너무 억울하다. 왜냐하면, 그는 우연히 화장실에서 술에 취해 쓰러지려는 취객을 도와주려고 했기 때문이다.

그렇지만 아무도 소매치기 전과 4범의 이력을 가진 남자의 이야기를 들어주지 않는다. 그런데 그때 의뢰를 받은 천지훈 변호사가 소매치기 전과 4범 이력을 가진 남자의 억울한 사정을 알고 변호를 맡는다. 그리고 재판에서 아주 멋지게 승리한다.

나는 〈천 원짜리 변호사〉를 통해 하고 싶은 질문이 한 가지 있다.
소매치기였던 그 남자처럼 생각하지도 못한 억울한 일을 겪은 적은 없는가?

우리도 억울한 일을 당하면 기분이 상당히 안 좋을 것이다. 마음에 분노가 일어날 것이고 누군가를 원망할지도 모른다. 하지만, 여기서 중요한 사실이 한 가지 있다. 그렇다고 해서 일어난 일이 없어지지 않는다는 것이다. 우리는 억울한 일을 겪었을 때 나와 함께하시는 하나님께 제일 먼저 기도하며 나아가야 한다.

하나님께 나아가서 내 억울함을 솔직하게 토로해야 한다. 당연히 억울함을 풀기 위해 나를 변호하고, 해결책을 찾기 위해 안간힘을 써야 한다. 하지만, 그 모든 일 가운데 먼저 하나님께 기도하며 나아가는 것이 중요하다. 우리가 억울한 상황에 처해 있다고 할지라도 하나님은 우리와 늘 함께하신다.

제10장

기도와 말씀으로 무장하고 있니?

우리가 하나님의 자녀로 살아가는 데 있어서 가장 중요한 요소는 바로 기도와 말씀입니다. 기도와 말씀에 충실할 때 우리는 믿음의 자녀로 살아갈 수 있습니다. 그러나 문제는 많은 청소년이 기도가 뭔지, 말씀이 뭔지 모르고 살아가는 것입니다.

어떻게 기도를 해야 하는지 모르고, 왜 말씀을 읽어야 하는지 모릅니다. 지금부터 여러분과 함께 우리가 왜 기도를 해야 하는지, 왜 성경을 읽어야 하는지, 왜 기도와 말씀으로 우리 자신을 무장해야 하는지 살펴보고자 합니다.

1 문제가 생기면 어떻게 해야 할까?

혹시, 〈아이콘택트〉라는 예능 방송을 본 적 있는가?

이 방송은 사연을 보낸 신청자와 사연의 주인공이 서로 말없이 아이콘택트를 한 뒤, 각자의 속마음을 털어놓는 프로그램이다.

이번에 〈아이콘택트〉에 한 가지 사연을 가진 신청자가 나왔는데, 바로 어느 개그맨의 누나였다. 방송을 보니까 어느 개그맨의 누나가 프로그램에 나와 한 가지 고민을 이야기했다. 동생인 개그맨과 큰오빠가 서로 관계를 끊은 지 30년이 넘었는데, 관계를 회복하길 원한다는 내용이었다.

도대체 그 개그맨과 형 사이에 어떤 일이 있었던 걸까?

그 개그맨은 어릴 때 자신과 어머니를 힘들게 한 형을 여전히 용서하지 못하고 있었다. 어린 시절에 큰형은 돈이 필요할 때마다 어머니와 개그맨이 살고 있는 집에 찾아와서 동생 개그맨을 마구 때렸다. 그때마다 어머니가 어쩔 수 없이 돈을 주며 돌려보냈다.

개그맨은 평소에 다른 사람의 말을 잘 듣지 못하는데, 어릴 때 형한테 너무 심하게 맞아서 고막이 손상되어 잘 듣지 못하게 되었다고 한다. 그 개그맨은 성인이 되었을 때 형과의 연락을 끊었다. 이날 방송에서 그 개그맨은 어릴 때 형으로 인해 겪었던 상처들을 다 털어놨고, 형은 무릎을 꿇고 사과했다.

개그맨은 결국 형을 용서하지 못했다. 그렇게 프로그램은 그대로 마무리되었다. 방송 후에 그는 이렇게 말했다.

"형을 용서해 주고 싶은 마음도 있었지만 한편으로는 '저 모습이 진짜일까?'라는 생각이 들어서 주저했습니다."

그날 〈아이콘택트〉는 평소보다 훨씬 더 높은 최고 시청률을 기록했다. 많은 사람이 그날 개그맨과 그의 형과의 관계를 지켜보았던 것이다. 특히, 개그맨은 평소에 상당히 유쾌하고 재치 있는 모습을 방송에 많이 보여 주었는데, 그날만큼은 방송하는 것을 잊은 듯 보였다. 왜냐하면, 자신의 있는 그대로의 감정을 드러내며 오랜 시간 품어 온 아픔을 하소연했기 때문이다.

나는 〈아이콘택트〉를 통해 한 가지 묻고 싶은 것이 있다.
우리에게도 말할 수 없는 문제와 아픔이 있지 않은가?
그래서 그 문제로 인해 혼자서 힘들어하고, 울었던 적은 없는가?

나는 말해 주고 싶다. 현재 우리가 가지고 있는 문제를 스스로 해결하려고 하지 말고, 하나님을 바라보며 기도하자고 말이다. 기도는 하나님 앞에 나아갈 수 있는 만남의 통로다.

하나님은 기도를 통해 만나 주신다. 기도를 통해 하나님의 마음을 알게 해 주시고, 하나님의 말씀을 깨닫게 해 주신다. 기도를 통해 하나님은 우리의 마음을 위로하시며 다시 일어설 수 있는 은혜를 주신다. 하나님은 기도를 통해 우리를 가장 최선의 길로 인도하신다. 기도는 하나님께서 우리를 만나 주시기 위한 통로임을 잊지 말자.

하나님 앞에 기도로 나아가자. 우리가 가지고 있는 문제를 하나님께 맡겨드리고 함께 기도하면서 나아가자.
나는 당신이 말씀과 기도의 사람이 되어서 하나님께 귀하게 쓰임받는 사람이 되었으면 좋겠다.

2 내가 하루아침에 노예가 되어 버린다면?

혹시, 〈노예 12년〉이란 영화를 본 적 있는가?

영화에 나오는 주인공 솔로몬 노섭은 미국 뉴욕에서 인정받는 바이올리니스트다. 그는 아내와 두 아이와 함께 행복한 나날을 보내고 있다. 그러던 어느 날 노섭은 두 명의 사람을 소개받았는데 그들이 노섭에게 한 가지 제안을 한다. 현재 자신들과 함께 한 달 정도 같이 공연하러 다닐 악사를 구하고 있다며 함께 일을 하자고 말이다.

노섭은 그들이 제안한 높은 보수에 함께 일을 하기로 한다. 그리고 그들을 따라 워싱턴으로 향한다. 그날 노섭은 저녁 식사 후 술을 너무 많이 마셔서 정신을 잃는다. 그런데 눈을 떠 보니 쇠사슬에 묶여 있는 자신의 모습을 보게 된다. 노섭은 노예 인신매매단에게 납치를 당했던 것이다. 노섭은 한밤중에 마차에 실려 미국의 남부로 향하는 배로 끌려간다.

당시 미국은 공업 중심의 북부와 농업 중심의 남부로 크게 두 개의 지역으로 나뉘어 있었다. 당시 북부는 노예제도를 인정하지 않고 반대했지만 남부는 노예제도를 찬성했다.

그럼 남부에서는 왜 노예제도를 찬성했을까?

농업이 중심이었던 남부는 많은 노동력을 필요로 했기 때문이다. 그러니 노예의 노동력이 중요한 부분을 차지하고 있었다.

특히, 1840년에 미국에서는 노예 수입이 금지되었기 때문에 남부는 노동력이 많이 부족했다. 그래서 북부에 사는 흑인들을 노예로 잡아 오는 인신매매가 빈번히 일어났던 것이다.

노섭도 노예로 잡혀 온 사람 중 한 명이었다. 그 뒤로 노섭은 12년 동안 노예생활을 하다가 노예제도를 반대하는 어느 백인의 도움으로 극적으로 고향으로 다시 돌아온다.

〈노예 12년〉은 실화를 바탕으로 제작한 영화다. 실제로 노섭은 1853년에 『노예 12년』이란 책을 출간했다. 이후 노섭은 노예제도 폐지 운동에 적극 활동했으며, 미국 북동부 전역을 돌아다니며 노예제도를 왜 반대해야 하는지 강의를 하고 다녔다.

나는 〈노예 12년〉을 통해 말하고 싶은 것이 있다. 만약 우리가 하루아침에 누군가에게 팔려 노예가 되어 버린다고 상상해 보자. 그것만큼 무섭고 끔찍한 일은 없을 것이다. 우리에게도 언제 어떤 일이 일어날지 모른다. 왜냐하면, 어려움은 항상 예고 없이 찾아오기 때문이다.

그렇다면, 예상하지 못했던 어려움이 우리를 찾아왔을 때 우리는 어떻게 해야 할까?

바로 우리의 든든한 버팀목이 되어 주시는 하나님께 기도로 나아가야 한다.

나는 우리 모두가 항상 기도에 진심이었으면 좋겠다. 왜냐하면, 하나님께서는 기도를 통해 일하시기 때문이다.

그럼 우리는 어떻게 기도해야 할까?

① 지금부터 장소를 정해 보자.
하나님과 내가 1:1로 만날 수 있는 장소를 정하는 것이다. 그 장소는 누구에게도 방해받지 않는 장소여야 한다.
② 시간을 정해 보자.
내가 가장 집중할 수 있는 시간을 정해서 그 시간은 오직 하나님과 1:1로 만나는 데 사용해야 한다.
③ 그 시간만큼은 다른 것을 하지 말고 기도에 집중하자.
장소와 시간을 정했으면 그 시간만큼은 기도에만 집중해야 한다. 말씀을 읽고, 그 뒤에 읽은 말씀을 생각하면서 하나님께 기도해 보자. 기도할 때 집중이 잘 안되면 찬양을 틀어 놓고 해 보자. 그 시간만큼은 하나님과 1:1의 만남을 가지는 시간으로 만들어야 한다.

어려움이 우리를 언제 찾아올지 모른다. 하지만, 위대하신 하나님이 늘 나와 함께하고 계시다는 사실을 꼭 기억하자. 하나님은 기도로 역사하신다. 우리 모두다 기도의 사람이 되기를 축복한다.

3 손흥민이 프리미어리그 득점왕을 한 이유가 뭔지 아니?

대한민국 축구 국가대표팀의 주장이 누구인지 알고 있는가?

바로 손흥민 선수다. 손흥민은 오랫동안 대한민국 국가대표팀 주장으로 선수들을 이끌어 왔다. 대한민국에서 손흥민을 모르는 사람은 거의 없을 것이다.

손흥민 선수는 전 세계적으로 유명한 최고의 축구 선수 중 한 명이다. 현재 손흥민 선수는 세계 최고의 리그인 영국의 프리미어리그에서 주전 공격수로 맹활약하고 있다. 몇 년 전에는 아시아 선수로 유럽리그 역사상 처음으로 리그 득점왕을 차지하기도 했다.

그렇다면, 손흥민은 도대체 어떻게 세계적인 축구 선수가 될 수 있었을까?

예전에 유재석과 조세호가 MC로 진행하고 있는 〈유퀴즈〉에 손흥민의 아버지인 손웅정 씨가 출연했다. 〈유퀴즈〉에서 손웅정 씨의 이야기를 들으면서 왜 손흥민이 세계적인 선수가 될 수 있었는지 이유를 알 수 있었다.

원래 손흥민의 아버지 손웅정 씨도 손흥민 선수처럼 축구 선수였다. 그런데 축구 선수로 성공하지 못했다고 한다. 그저 그런 선수로 지내다가 큰 부상으로 은퇴를 했다.

손웅정 씨는 손흥민에게 축구 선수를 하라고 말하지 않았다. 왜냐하면, 그 길이 얼마나 힘든지 알고 있었으니까. 그런데 손흥민이 초등학교 때 아버지에게 먼저 축구를 하고 싶다고 말했다. 그때 아버지는 손흥민 선수의 진지한 결심을 보고 손흥민을 축구 선수로 키우기로 마음먹고 본격적으로 훈련을 시작했다.

그런데 여기서 주목할 점이 하나 있다. 아버지 손웅정 씨는 손흥민을 따로 축구부에 보내지 않았다. 손흥민 선수가 중학교를 졸업할 때까지 아버지 손웅정 씨가 직접 훈련을 지도했다. 아버지 손웅정 씨는 손흥민 선수를 직접 지도하면서 기본기를 상당히 많이 훈련시켰다.

보통 훈련을 하면 화려한 드리블도 배우고 슛도 연습해야 하는데 아버지 손웅정 씨는 오히려 기본기를 몇 년 동안 엄청 지독하게 훈련시켰던 것이다.

그렇다면, 당신은 축구의 기본기가 뭔지 아는가?
공을 가지고 할 수 있는 가장 기초적인 기술들을 기본기라고 한다. 공으로 패스를 하고 공을 튕기면서 컨트롤하는 것이다.

그렇다면, 왜 아버지 손웅정 씨는 손흥민 선수에게 기본기만 지독하게 훈련시켰던 걸까?
왜냐하면, 기본기가 좋아야 축구 선수로 성공할 수 있을 거라고 확신했기 때문이다. 아버지 손웅정 씨는 자신이 축구 선수로서 실패했던 이유가 기본기가 약했기 때문이라고 생각했다. 그래서 손흥민에게 가장 기본적인 훈련들을 시켰다. 그때부터 손흥민은 공을 튕기는 훈련, 공을 패스하는 훈련 등 기본적인 것들을 지독하게 연습했다.

손흥민은 때로는 지루하기도 했지만 축구하는 것 자체가 즐거웠기에 기쁜 마음으로 훈련을 받았다. 그 결과, 손흥민은 축구공을 자유자재로 다룰 수 있었다. 그리고 공을 자유자재로 다룰 수 있게 되니까 배우지 않아도 화려하고 멋진 드리블도 자유롭게 할 수 있었다. 슛 또한 자기가 원하는 곳으로 정확하게 찰 수 있었다.

손흥민이 전 세계에서 가장 인정받는 기술이 뭔지 아는가?
바로 오른발 왼발에 상관없이 자기가 원하는 곳에 정확하게 슛을 쏠 수 있는 기술이다. 손흥민은 기본기에 충실했기 때문에 그 기본기가 바탕이 되어 고급 기술들도 자신이 원하던 대로 쓸 수 있었다.

나는 기본기를 통해 하고 싶은 말이 있다. 우리도 믿음의 기본기가 좋아야 한다. 믿음의 기본기를 잘 훈련하면 세상에서 승리하는 멋진 크리스천이 될 수 있다. 반대로 기본기를 훈련하지 않으면 세상에 패배하는 크리스천이 될 수도 있다. 우리는 신앙의 기본기를 열심히 훈련해야 한다.

그렇다면, 우리에게 신앙의 기본기는 과연 뭘까?
바로 말씀과 기도다. 우리는 말씀과 기도 생활에 최선을 다해야 한다. 왜냐하면, 말씀과 기도를 통해 하나님께서 역사하시기 때문이다.

우리가 말씀과 기도에 집중하고 충실할 때, 믿음의 사람으로 점점 성장해 간다. 말씀과 기도를 통해 하나님을 점점 알아가기에 그렇다. 나는 우리 모두가 신앙의 기본기인 말씀과 기도에 올인했으면 좋겠다.

우리는 '번아웃'에서 어떻게 벗어날 수 있을까?

'번아웃'이란 말을 들어본 적 있는가?

'번아웃'이란 어떤 일을 하는 도중 극심한 육체적, 정신적 피로를 느끼고 일의 열정과 성취감을 잃어버리는 증상을 뜻한다.

나는 20대 후반에 청소년 사역을 하다가 '번아웃'이 와서 목사의 길을 완전히 접으려고 했던 적이 있다. 그때 나는 부산의 어느 한 교회에 중등부 교육 전도사로 일을 하고 있었다. 처음 그 교회에 부임할 때 그래도 규모가 있는 교회라서 꽤 많은 기대를 했다. 그러나 중등부에 예배를 드리러 간 첫날, 나의 기대와 상상은 무참히 깨지고 말았다. 처음 중등부에서 예배를 다 드리고 선생님들과 함께 인사를 하고 있는데, 선생님 한 분이 나에게 이렇게 말했다.

"목사님, 오늘 처음이자 마지막으로 중등부에서 뵙네요. 저는 오늘이 마지막입니다."

그 선생님은 오늘을 마지막으로 중등부 교사를 그만둔다고 말했다. 그런데 더 기가 막힌 건 그 선생님 외에 그만두는 선생님이 3명이나 더 있었다. 즉, 그날 예배를 마지막으로 4명의 중등부 선생님이 그만두셨다. 그런데 문제는 새로운 선생님이 단 한 명도 들어오지 않았다는 것이다.

나는 그때 처음으로 알았다. 그 교회에서 중등부는 어른들이 교사로 섬기지 않으려고 하는 기피 대상 1호였던 부서였다는 사실을 말이다. 나중에 다행히 2명의 선생님을 간신히 구할 수 있었고 허겁지겁 중등부 사역을 시작했다. 그래도 당시 나는 열정으로 가득 차 있었기 때문에 최선을 다해 중등부 사역을 했다.

교육 전도사임에도 평일에도 아이들에게 전화와 문자를 했다. 토요일이 되면 아이들을 만나러 다녔다. 주일마다 30통이 넘는 편지를 써서 아이들에게 나눠 주었다. 주일에는 예배를 마치고 아이들과 함께 축구를 했다. 방학 때는 집으로 데리고 가서 1박 2일로 놀았다. 그러자 아이들이 교회로 점점 몰려오기 시작했다.

원래 아이들이 30명 가까이 있었는데. 중등부 친구 초청 주일에 무려 100명의 학생들이 왔다. 교회에서는 수십 년 만에 처음 있는 일이라고 했다. 그때부터 아이들이 40명, 50명, 60명이 왔다. 중등부 사역은 상당히 성공적이었고 은혜로웠다. 그렇지만 나는 그해 주변의 강한 만류에도 교회를 사임했다. 더 이상 전도사를 하지 않기로 결심했다.

도대체 나에게 무슨 일이 일어났던 걸까?
주변 사람들은 내가 잘하고 있다고 칭찬했지만, 시간이 지날수록 내 마음은 점점 지쳐 가고 있었다. 사역을 하는 것 자체가 너무 힘들었다. 설교 준비를 하는 것부터 시작해서 앞으로 평생 이 일을 해야 한다고 생각하니 자신이 없었다.

그렇다면, 사역을 잘하고 있던 내가 왜 이렇게 된 것일까?

그 당시 나는 그 이유를 전혀 알지 못했다. 사역을 그만둔 뒤에 그 이유를 알 수 있었다. 나는 하나님께서 주시는 은혜로 사역을 감당하려고 하지 않고 내 힘으로 하고자 했던 것이다.

처음에는 겸손한 마음으로 기도했다. 그러나 어느 순간부터 기도는 점점 사라지고 인간적인 힘으로 감당하려고 했다. 내 힘으로 하려다 보니 점점 영적 고갈이 왔고 하나님의 은혜로 채워 넣지 않으니 결국 번아웃이 와서 지쳐 쓰러졌던 것이다.

나는 이전까지 어떻게 해서든 부서 부흥을 일으키는 것만이 성공하는 것이라고 생각했다. 그러나 그것은 나의 욕심과 욕망일 뿐 하나님의 뜻은 아니었다. 하나님은 내가 어디에서든지 하나님의 일을 겸손함으로 잘 감당하기 원하셨다. 그 이후부터 나는 매일의 삶 속에서 하나님을 갈망하며 말씀과 기도로 나아가기 위해 애를 쓰기 시작했다. 새벽 기도도 가고 말씀도 꾸준히 읽고 하나님께 나아갔다.

나는 이 이야기를 통해 말하고 싶은 것이 한 가지 있다. 우리는 매일 하나님께서 주시는 은혜를 받아야 살아갈 수 있는 사람들이라고 말이다. 아무리 믿음이 뛰어나더라도 매일 주시는 하나님의 은혜를 받지 않으면 세상의 유혹에 쓰러지고 만다.

그렇기에 우리는 말씀과 기도에 목숨을 걸어야 한다. 매일 말씀과 기도를 통해 하나님께 은혜를 구해야 한다. 말씀과 기도가 우리의 생명줄임을 인식하고 최선을 다해 기도하고 말씀을 읽어야 한다.

현재 우리는 말씀과 기도에 온 마음을 다하고 있는가?

5. 핸드폰 배터리가 없어서 핸드폰이 꺼진 적 있니?

나는 6년 전부터 새벽 기도가 끝나면 하는 일이 있다. 바로 등교 심방이다. 등교 심방은 아이들을 집에서 학교까지 데려다 주는 사역이다. 아이들이 학교 가는 시간에 맞춰 집 앞에서 기다리고 있다가 아이들이 나오면 태워서 학교 앞까지 데려다준다.

등교 심방을 하면서 여러 가지 일이 있었는데 그중에 가장 기억에 남는 일이 한 가지 있다. 당시 대구에서 청소년 사역을 하고 있을 때였는데, 새벽 기도가 끝나고 학생 한 명을 학교에 데려다주었다. 그 학생은 당시 고등부에서 집에서 학교까지의 거리가 가장 먼 친구였다. 승용차로 50분을 타고 가야 했다. 그러다가 차가 막히기라도 하면 1시간이 넘어갈 때도 있었다.

그날 나는 그 학생을 태우고 내비게이션을 따라 열심히 가고 있었다. 그때 갑자기 핸드폰에서 소리가 울렸다. 무슨 소리인지 궁금해서 핸드폰을 자세히 쳐다봤더니 핸드폰 배터리가 10퍼센트만 남아 있었다. 10퍼센트만 남아 있어도 충전기로 충전하면 되는데 그날따라 충전기가 보이지 않았다.

기억을 더듬어 보니 집에 충전기를 놔두고 온 것이 생각났다. 그리고 아직 학교까지 남은 거리는 차로 20분을 더 가야 했다. 갑자기 머리에 식은땀이 흐르기 시작했다. 대구에서 오래전부터 살았으면 굳이 내비게이션이 없어도 찾아갈 수 있었겠지만, 난 평생을 부산에서 살았기에 대구 지리를 잘 알지 못했다. 그러자 이런 생각이 들었다.

'이제 곧 핸드폰이 꺼질 텐데, 핸드폰이 꺼지면 애를 무사히 데려다주고 집으로 돌아올 수 있을까?'

곧바로 학생과 대화를 이어 갔다.

나: OO아, 지금 문제가 있어.
학생: (놀라면서) 목사님, 무슨 일 있어요?
나: 응. 목사님 핸드폰 배터리가 얼마 남지 않았어….
학생: 아~ 목사님. 걱정하지 마세요. 저 핸드폰 있어요. 네이버 앱으로 가면 돼요.
나: (안도하며) 와우~ 다행이다.

다행히 그 학생의 핸드폰에 배터리가 가득 남아 있었다. 그래서 그 학생 핸드폰으로 내비게이션을 켜고 그것을 보면서 학교까지 무사히 도착할 수 있었다. 그런데 여기서 끝이 아니었다. 아직 더 큰 문제가 남아 있었다. 나도 집으로 돌아가야 하는데 어떻게 돌아가야 하는지 알 수 없었다.

그래도 몇 번 갔다 왔던 길이라 기억을 더듬어 가면서 천천히 운전을 했다. 그리고 다행히 집에 무사히 도착할 수 있었다. 그러나 결과적으로 50분만 운전하면서 가면 되는 거리를 무려 2시간 동안 운전한 끝에 도착했다.

나는 핸드폰 배터리를 통해 말하고 싶은 게 있다. 핸드폰도 계속 충전이 안 되면 금방 꺼져 버리듯이 우리도 하나님이 주시는 은혜를 지속해서 받지 않으면 병들어 버린다는 것이다. 우리는 매일 하나님이 주시는 은혜를 받아야 한다. 그래야 살 수 있다. 그래야 세상에서 패배하지 않고 승리하며 살아갈 수 있다.

그럼 하나님께서 주시는 은혜를 매일 받으려면 어떻게 해야 할까? 다른 방법은 없다. 오직 말씀과 기도에 올인해야 한다. 우리가 말씀과 기도로 하나님께 나아갈 때 하나님께서 우리에게 은혜를 주신다.

우리가 세상 속에서 믿음을 지키며 살아갈 수 있도록 하나님께서 우리의 마음을 지켜주시며, 때에 따라 주변의 상황까지도 인도하시며 피할 길을 내어 주신다.

말씀과 기도는 하나님께서 정하신 법칙이다. 하나님께서는 말씀과 기도를 통해 우리를 만나 주시고 하나님의 역사를 이루어 가신다.

나는 마지막으로 말하고 싶다. 우리 모두가 정말 말씀과 기도의 사람이 되어서 하나님의 나라에 귀하게 사용되었으면 좋겠다.